大展好書 好書大展

大展好書 好書大展

命理與預言56

人際關係風水術

小林祥晃／著
林 雅 倩／譯

大展出版社有限公司

前　言

你認為享受人生最重要的是什麼呢？

人生的喜悅並不光是得到地位、名譽、財產、功成名就而已。

擁有好的朋友、好的同事、好的戀人、好的伴侶、好的孩子、好的父母……相信各位已經瞭解到了吧！建立好的人際關係非常重要。

好的住宅、好的衣服、好的飲食……衣、食、住、遊、心這五大要素，在幸運和開運之源環境開運學「風水」的基本上認為最重要的是「人際關係」。而一切都是與他人相遇開始的。

風水認為「得到好朋友才是使人生過得幸福的秘訣」。人如果沒有辦法遇到某人的話，就沒有辦法過著快樂的人生、無法開運；相反的，如果能夠巧妙地運用相遇的方式和交往的方式，在家庭及工作上都能提升好運。

各位讀者有沒有好的「邂逅」呢？是否巧妙地活用這些「解逅」，與對方交往呢？

但是，與他人的交往非常困難。很多人都因為人際關係而感到煩惱。

為了擁有這種煩惱的你，Dr．小林為各位介紹與他人的「邂逅方式」以及「交往方式」，命名為『Dr．小林的「人際關係」風水術』。

本書最大的要點，就是只要知道這個原則之後，就能在與他人交往上消除所有煩惱的「〇三法則」。

稍後會為各位詳細說明，所謂「〇三法則」就是依與對方的年齡差，而分為「〇族」、「一族」、「二族」、「三族」這四型，藉此瞭解適合度的傾向。當然，瞭解傾向之後就能夠瞭解對策了。如果知道「〇三法則」就沒有什麼可以害怕的了。

各位也許會感到很驚訝，事實上我到目前為止已經運用這個遇的關鍵，同時利用「〇三法則」建立好的人際關係，因此才有今天的我。

本書中首先要為各位介紹，利用風水力量的巧妙邂逅方法。也許有人認為沒有邂逅的機會，沒有辦法遇到好的人，想和景仰的前輩或是在車站遇到的心儀對象有良好的關係、想要認識對方……對於各位的願望，只要藉著「人際關係的風水術」就能夠達成。當然沒有什麼困難，只要藉著日常生活中若無其事的行為或是身邊的物品，就能夠製造出與「某人」相遇的機會。

得到相遇的機會，認識之後再利用「〇三法則」調查與對方的適合度。而在Ｄｒ．小林的風水書中是絕對不會出現「很不適合，要立刻停止交往」的建議，所以你可以安心。即使不適合，但是還是會有解救之道，這就是Ｄｒ．小林。一併指導各位使用風水力量的高明交往法。

如此一來，就能遇到好運的人，而且學會了交往的方法。Dr．小林的風水技巧，就是讓各位瞭解到「與運較強的人認識在一起，是得到幸福的捷徑」。

本書是以風水力量和「〇三法則」為基礎實踐的人際關係講座。從與戀人、夫妻、子女、兄弟姊妹、公司的上司或同事、前輩、附近鄰居等的高明相遇法、交往法開始，到修復關係法，也一一為各位解說與不容易接近的人拉近距離的方法等。可以使用服裝或者是小的物品、飲食、設計、花或吉祥物，以及約會等行為，就能夠建立對你而言的「好關係」。

藉此學會了「邂逅」和與人交往的方法，就能使你的人生快樂幸福。請快樂地看下去，從今天開始邁向幸福之路吧！

小林祥晃

目錄

第一章　改變人生的「邂逅」風水

第二章 「0三法則」能提升人際關係的力量

第三章　風水所提倡的人際關係實踐講座

第一章

改變人生的「邂逅」風水

好的邂逅是良好人際關係的根源

風水所謂的「邂逅」是什麼？

不管是誰，都會有決定人生的邂逅。

與他人的邂逅和交往，甚至可以改變人生的一切。與朋友的邂逅、男人與女人的邂逅、在公司與上司的邂逅……等，藉此會改變你的人生。

大家都知道，Ｄｒ．小林的風水就是藉著巧妙地使用衣、食、住、遊、心等五種「環境的五大支柱」，使人得到幸福的學說。

此外，風水認為「人生」就是考驗能得到多少幸福的「場所」。而所謂的幸福度不單只是財產、金錢、容貌等肉眼看得到的東西而已，擁有好的人際關係，也就是說擁有好的朋友、好的伴侶也很重要，這一點相信大家都知道。

也許各位已經察覺到了吧！衣、食、住、遊、心這五項全都與人際關係有關。也就是說，人際關係的好壞對於你的人生的吉凶而言具有很大的影響，這種說法絕不誇張。

那麼，風水所謂的「邂逅」是什麼呢？

例如，在路上擦身而過或者是在擁擠的車上比鄰而坐，這些都是廣義的邂逅。但是這種瞬間的擦肩而過，只是偶然的邂逅，很少會發展到後來的交往。

風水中所謂的邂逅，其定義是指「遇到會影響你的人生之很棒的人」。當你遇到了對雙方的人生會產生好的影響的人，這才是風水所說的「邂逅」。

但是有時也可以計劃「邂逅」。例如，你在某處發現了很棒的人，而且你知道這個人和你的朋友交往，這時你可以請求朋友「把我介紹給他吧！」然後藉此開始交往，這種「邂逅」就算是有「計劃性」的。事前向朋友那兒打聽這個人的喜好和興趣，會使得兩人的邂逅變得更美好。

我想說的就是「人際關係一定有適合性。如果能夠瞭解到底具有何種適合性的話，經由努力就能夠使得好的適合性變得更好，而壞的適合性也能夠轉為好的適合性——」。

要瞭解適合性的話可參考「○三法則」，關於這一點會在第二章為各位詳細介紹。

好的邂逅是好的交往的根源

為了擁有好的交往，一定要有好的邂逅才行。

像親子一定會遇到生產的邂逅場面，戀人或伴侶的邂逅也就是兩人頭一次見面的場面。而這種邂逅的好壞，會決定你的人生。所以，邂逅方式的好壞非常重要。

例如，你會不會後悔感覺遺憾「如果當時和那個人，不在那個時候、那個場合見面的話……」。如果說你和男朋友或女朋友走在一起時，自己夢寐以求的人出現了，但是你卻不能夠出聲向那個人打招呼。這時你就會想「唉呀！如果是獨自一個人的時候遇到他，那該有多好呢！」或者是即使遇到理想的對象，而對方卻已婚，也許你會遺憾「為什麼他不和我結婚呢？」而就算對方已經結婚，可是你卻仍然要和他談戀愛，這種交往就會形成不道德的行為。也就是說，就算遇到好的對象，但是邂逅的場所及時機不對的話，則即使相遇也不可能有好的交往。

所謂邂逅就是時間、空間以及自己的環境（圍繞自己的狀況或本身自己的體調等）都產生微妙的作用後出現的邂逅。或者也可以說是時間與空間對自己的環境造成影響，而產生了邂逅。

如果希望擁有好的交往，當然邂逅的方式很重要。在適合你和對方的立場、適合邂逅的場所、適合邂逅的時間，各種要素糾纏在一起，就會產生「好的邂逅」。

如果你希望擁有「好的邂逅」，那麼風水力量能夠幫助你。第一章會詳細說明穿什麼樣的服裝、在何種場所比較好的「邂逅」的風水。如果知道使用風水邂逅方法的秘訣，你一定能夠走向幸福的人生。

邂逅的設計

玄關

▼玄關

所有的運都是通過玄關而進來的。為了使運氣能夠順暢進入，玄關的地板要用水清洗，保持乾淨。利用水花作戰或是花風水以及好的香氣使幸運進入。

▼鏡子

玄關正面和房間門的正面不可以安裝鏡子。因為這樣會使從玄關或入口進入的幸運反彈回去。

LDK

▼餐桌

必須注意雙人座的圓桌子。表示指在一個家庭而沒有注意周圍，具有不良人際關係的危險。但是，如果直徑在一．五公尺以上的話，就不用擔心了。此外，圓桌上要鋪四方形的餐墊。

桌子的形狀橢圓形或長方形都可以，一邊一．五公尺以上的正方形也可以。素材最好是樸木材。每當和家人一起用餐時，就會產生邂逅的運氣。

此外，讓孩子們坐在東邊或南邊，父母們坐在西邊及北邊。

▼冰箱

冰箱上面放烤箱或是微波爐會導致焦躁、增加爭吵。如果實在沒有有辦法擺在其他的場所時，中間最好隔個板子。

此外，冰箱的門上不要貼一些預定表或食譜，門上附著多餘的東西時，幸運就很難進入了。

▼廚房用具

廚房是反映女性運的空間。廚房盡可能要充滿東方位的力量。如果廚房不在東方時，安排紅色系列的器具就可以提高東方的力量。

將年輕時舊有的東西擺在廚房裝飾，就可以提升東方的力量。此外，也可以邊聽音樂邊煮飯。

▼桌布、餐墊

使用能夠顯現料理色彩的桌布或餐墊則更有效，因為能夠增進食慾，所以一定要使用。如果是當年的幸運色的話，更能提升家庭運和整體運。

▼餐具

花型設計的歐洲製陶器具有提高戀愛運的力量。

▼茶具

如果談話不順暢時，或者是人際關係不順暢時，可以更換茶具。一定能消除煩惱。

▼杯子

水晶杯看起來就能讓人情緒穩定。即使不是水晶而是使用光亮的杯子，也能夠使疲勞及討厭的事情煙消雲散。

光亮的杯子能夠提升戀愛運，所以可以選擇高腳杯。如果可以零買的話，那就各買兩個相同設計的杯子。

▼電視

電視的方向很重要。東方非常適合會出聲音的東西，因此在東方擺電視的話，人際關係會很好，也能得到戀人，而且在學校、辦公室中也能擁有朋友。

▼電話、傳真機

包括母機、子機在內，一家中可能會有三臺。擺在有花紋的蕾絲巾上，並放在東南方向，會有戀愛運。

▼其他家具

附帶鎖、有抽屜的寫字臺具有安心的力量。

通風良好、附帶百葉窗的衣帽間能擴展交際範圍。準備藤籃，並在籃中放置不同顏色的襯衫或者是內衣、內衣褲，就能夠增加邂逅的機會。

為了確認對方對自己到底有何想法時，可以和對方一起去家具賣場選購家具。從小的裝飾品到家具，以及編織品的選擇等，都可以看出兩

●和戀人一起購物

預定結婚的戀人一起去選家具，
就能瞭解對方。

個人的價值觀是否一致。

此外，也可以表現各種感覺，如金錢感以及教養等。如果是考慮結婚的戀人，一定要一起去選家具，然後觀察對方的內在。

寢室

▼床

盡可能選擇較大的床，能夠提高將來性。如果是金屬製的床而不使用高級編織品的話，會使人際關係淡薄。

▼床罩

顏色、花紋都非常地重要。尤其年輕人因為戀愛結婚而感到煩惱，對將來感覺不安的話，盡可能使用暖色系的床罩。如果窗簾和床罩其中一種是素色，則另外一種則要帶有花紋，以取得平衡。

▼枕頭套

如果是東枕，睡不著時可以使用紅色或藍色的枕頭套；如果是北枕，睡不著時使用白色的枕頭套；南枕睡不著時使用綠色和橘色搭配的枕頭套；如果是西枕睡不著時，則使用茶色系列或米黃色、黃色的枕頭套。

如此就能熟睡，此外，也能消除人際關係的煩惱。

▼床單

有花紋的床單對於戀愛的成就有效。因為工作遇到障礙時，使用條紋的床單，而且一定要每天更換。

▼窗簾

盡可能準備夏季用及冬天用的窗簾，一年更換兩次。室內裝潢非常重視季節感。這一年的幸運色要選擇與方位適合性良好的色彩。如果現在沒有辦法立刻更換的話，那麼在每一片窗簾綁上這一年的幸運色彩或與方位相合顏色的絲帶。

此外，當窗簾髒的時候，帶著幸運進入室內的風也會骯髒。因此，即使換氣良好，但是只會進入污濁的運氣。所以，要盡可能保持窗簾的乾淨。

▼檯燈

檯燈燈罩的顏色、放置的場所、大小及素材都有關，是醞釀出強力運氣的重要物件。

人際關係不好的時候在門附近放檯燈。此外如果有金錢上之人際關係的煩惱，在西邊放黃色燈罩的檯燈。如果工作上有人際關係的煩惱，則在東邊放紅色或海藍色燈罩的檯燈。

最近在工作方面凡事順利的你，不希望因為嫉妒或怨恨等失去工作運時，可以在起居室的北方放白色燈罩的檯燈。連Dr．小林都必須要趕快實行才行。

▼閣樓

睡在閣樓會降低運氣。閣樓本來是放置雜物的地方，並不是人類睡眠或活動的場所。如果你因此無法結婚或發現好對象的話，就必須注意了。

浴室、盥洗室

▼浴室用品

在洗澡時準備花非常有效。在浴缸中放入一些花瓣漂浮著，再泡個澡。最近帶有果香味的沐浴乳受人歡迎，但是水果是表示「有結果」的吉祥物，所以，如果是能夠表示兩人相愛有結果之水果香的沐浴乳，當然能夠提高戀愛運及交際運。

此外，選擇帶有香氣的沐浴劑及洗髮精，也能夠提升人際關係。

▼肥皂盒

魚型肥皂盒具有消除秘密的效果。此外，使用星型或月型的肥皂盒是指新的夢想，因此，過去的一切都能夠完全流失。

▼浴巾

要準備彩虹七色的浴巾。如果能夠充分照射陽光之後再使用的話，就能提升戀愛運。因為人際關係而感到疲累時，或者是什麼都不想的時候，使用白色浴巾。想要自己一個人悠閒渡過的話，使用藍色浴巾。好像要與他人發生爭執時，要用綠色的浴巾。自己生氣的時候用紅色、黃色或奶油色的浴巾，具有轉換心情的效果。

▼洗臉用品

歐洲製具有高級感的用品最好。不管任何用品都必須要能夠曬到太陽，通風良好。

其他裝飾品

▼相框

要提升戀愛運的話，要使用有花紋的相框。白木能提升整體運，發揮力量。

如果是吉方位旅行的照片，東方使用獨特設計的相框；東南方使用白木或粉紅色有花紋的相框；南方使用白色、綠色、橘色或是無外框的壓克力相框；西南方使用茶色系列的木框；西方使用黃色相框；西北方使用白木和茶色系列及金屬製的相框；北方使用酒紅色、橘色、白色、粉紅色的相框，能提升方位力量。

▼畫、海報

想要提升家庭運的時候，掛畫著夏日山的畫或水果的畫。想要提升人際關係的話，則掛花的圖畫，能提升效果。如果不是加框的圖畫，光是貼海報也可以。

▼木製的水鳥擺設

擺在起居室或餐廳，頭朝東南。當人際關係出現壓力或者是與鄰居相處不睦、孩子沒有朋友時，使用這個方法有效。

▼青銅牛擺設

在酒紅色的臺座上放青銅牛，頭在房間的北邊朝北擱置，能增加邂逅的機會。

▼白陶鼠擺設

將兩隻白陶鼠擺在橘色的布或臺子上。如果能放在房間南側的位置、頭朝南的話就更好了。建議感覺戀愛、結婚等時機不好的人，可以使用這個方法。

▼金黃色的虎擺設

在房間東南的位置放金黃色的臺座，將老虎的頭朝向東南擺設，能夠認識有金運的人，提升家庭運。此外，如果放在綠色的臺座上，能夠遇到健康的人。

邂逅的物品

▼大哥大、PHS

帶著幸運色的大哥大能夠提升戀愛運。此外，使用幸運色的皮套子也可以。

▼圓手鏡

為了練習展露笑容，或者是運氣不好的時候檢查自己的臉，一定要隨身攜帶圓手鏡。使用橘色、酒紅色或金黃色為吉。

▼筆

和同事擁有同樣的筆能夠得到好工作。如果想要提升才能的話，使用金筆較好。

▼照相機

現在照相機漸漸地掀起旋風。攝影機也是其中的一環，可以說新的映像時代已經開始了，所以絕對不能夠落伍。透過照相機的透鏡，能夠產生新的人際關係。

▼手帕

希望人際關係好的時候用白色手帕。如果希望和某人關係很好的話，就可以使用白色的手帕。如果想要提高戀愛運的話，使用粉紅色的手帕。經常隨身攜帶兩條手帕。

▼皮包

女性使用袖珍型的小錢包，對於戀愛和工作有效。琺瑯或絲帶、絲絨等帶有光澤的皮包，表示強烈的自我主張，可以用來擴展戀愛及人際方面的關係。

男性的話，使用黑色、茶色、綠色等有稜角設計的皮包，對戀愛和工作有好的影響。

▼傘

傘是與人結緣的最好吉祥物。可使用當年幸運色的傘。

▼化粧品

歐洲製的化粧品在想要愛人或想要結婚的時候有效。要使用有傳統的一流品牌。

因人際關係感到煩惱或是陷入瓶頸時，使用美國製的新製品較好。即使不是昂貴的製品也無妨。選擇流行系列的東西，或是用藍色系列的盒子裝的化粧品，更能提升力量。

現在幸運的人最好使用日本製的化粧品。這是最適合日本人的運氣。

▼錢包

三年就要換新。能裝八張卡的錢包比較好。如果要買的話，選擇黑色、深綠色、茶色較好。

▼電話卡

我會把黃色和藍色系列的電話卡放在錢包內，能提升金運，抑制無端的浪費。

▼記事本

要提升人際關係的話，使用彩色封面的記事本。我的九八年的記事本是綠色的封面。此外，在寫記事本的時候，要分別使用四色筆。

▼名片夾

覺得最重要的時刻要使用銀色或金色的名片夾比較有效。平常所使用的名片夾，選擇墨綠色或茶色較好。

▼護身符

隨身攜帶幸運色的護身符。購買護身符的時候不要執著於「家內安全」或者是「交通安全」等的「願望」，秘訣在於要挑選幸運色。

邂逅的服裝

▼服裝的顏色

●粉紅色　想要戀人的時候，不光在公司或學校等外出時，在家中的時候也要穿著粉紅色的衣服。粉紅色是能夠強力引出戀愛力量的顏色，因此如果要拍相親照片時，或是相親的時候，一定要穿粉紅色的衣服。相反的，相親時絕對不能穿藍色或黑色的衣服，因為藍色和黑色具有遠離緣分的作用。

●茶色　想要和戀人分開，或是想要有新的邂逅的機會時，要穿茶色的衣服。如果你的戀人穿著茶色的衣服在約會場所出現的話，也許就是表示他想要和你分手了。

●藏青色　如果不希望自己太顯眼的話，要選擇藏青色的服裝。也就是說，在相親的時候不適合穿著藏青色的衣服。

●**米黃色**　對自己沒有自信的時候，可以穿著米黃色的衣服。穿這個顏色的衣服自然就能湧現自信。

●**黑色**　想要隱藏現狀，或者想要表現自己很驕傲的時候，可以穿黑色的衣服。因為黑色具有使自己提升一級的效果。但是卻會降低戀愛運，因此，想要擁有戀人時不適合。

●**紅色**　想要使關係清楚的時候，或者是想要說出難以啟齒的話之時，紅色的服裝能夠給你力量。

●**灰色**　想要隱藏本心遊玩的時候，可以利用灰色的服裝，非常有效。灰色能夠掩飾你的內在。

●**黃色**　在人際關係上想要產生變化時使用黃色。此外，和茶色同樣的，想要和戀人分手的時候，穿著黃色的衣服有效。

●**金黃色**　不想要戀人而想要結婚對象的時候，金黃色有效。因為這是能夠與和自己共同生活的人結緣的顏色。

●**白色**　思念他人的時候可以穿。白色是想要和他人關係和睦時，或者是希望提升人際關係時最適合的顏色。

●**綠色**　想要拾回美麗，或是想要和分手的人再見、想要喚起過去時，綠色系列的服裝具有這種力量。

●**酒紅色**　希望擁有穩定的戀情，希望召喚遲來的結婚運，給與自己機會的就是酒紅色。

●**淡紫羅蘭色**　不想被騙或是覺得好像有被騙的預感時，穿淡紫羅蘭色的衣服可以拉起防線。

●**橘色**　能夠使心情興奮。此外，希望在旅行地方的戀愛產生結果時，橘色的效果非常大。

▼手錶

隨時陪伴著你的手錶就是幫助你的東西。手錶對你而言是建立幸福的物品。是否戴著幸運的手錶，對你的運氣而言，會造成極大的影響。

因此，至少要擁有一個幸運的手錶。手錶會帶來何種運氣呢？請你回溯以往，檢討一下。

文字盤為圓形的手錶能改善人際關係。最好是金黃色的圓形文字盤。另外一方面，四方形文字盤的手錶在想向新事物挑戰時，能夠給你力量。如果文字盤是四方形的手錶，或在人際關係遇到困難時，噴灑古龍水再出門吧！

此外，如果錶帶為幸運色的錶帶，具有提高運氣的效果。

▼戒指

以風水的常識來說，戒指可以戴在食指或是小指上。想要戀人的時候在食指或小指戴上戒指。中指會使緣分遠離，必須要避免。

▼手鐲

想要積極展現行動時戴在右手，希望稍微平靜下來時戴在左手。將較長的手鐲繞個幾圈是二十一世紀的幸運點。如果想要提升戀愛運的話，選擇花瓣設計的手鐲。

▼項鍊

項鍊也是同樣的，選擇花瓣設計的項鍊能夠提升戀愛運。以稍長者較好。

此外，帶有一顆珍珠的項鍊，具有穩定心情的作用。

▼耳環

垂掛下來的耳環或者是想像花的設計的耳環，能產生戀愛的邂逅。隱藏著吸引異性的力量。

▼女用髮夾

幸運色的女用髮夾能產生美麗與才能。

▼圍巾

將打摺的圍巾或者是南美系列的花紋、咖啡色、野生動物的模樣、綠色、藍色、淡紫色、橘色、黃色、金黃色、酒紅色等圍巾圍在身上，就能提升戀愛運。

▼領帶

到吉方位的店去購賣幸運色的領帶，能夠建立快樂的人際關係。

▼內衣褲

不希望失敗時穿著幸運色的內衣褲，想要遇到新的人或者是必須冷靜地處理事物時，請使用綠色的內衣褲。綠色的內衣褲在為人際關係感到苦惱的時候也可以使用。

●鞋子隨時要擦得亮亮的

保持光澤能夠提升你的運氣

覺得「最近運氣不好」的你，更換鞋跟的
高度也不錯

▼睡衣

買睡衣的時候，到吉方位的店去購買幸運色的睡衣。像我從各地去買了很多幸運色的褲子和睡衣，連衣櫥都放不下了。

▼鞋子

風水認為「判斷他人的時候要看鞋子」。鞋子擦得光亮的人運氣極強。所以鞋子一定要經常保持光澤。

此外，尖頭鞋會阻礙人際關係運，必須要注意。感覺運氣不太好的人，一定要更換鞋跟的高度。

▼香水、古龍水

香氣是戀愛的媚藥，能夠提升人際關係和戀愛運。放在皮包裡隨身攜帶，想要轉換心情的時候就噴灑一下。

▼髮型、化妝

想要提升結婚運或戀愛運的時候，頭髮頂端兩側要產生亮感，化妝的時候將眉毛畫成圓形，畫出圓形的眼線。眼影和口紅選擇粉紅色的系列。顴骨較高的位置也要塗抹粉紅色的腮紅。

▼約會日的服裝

剛開始交往時選擇白色或淡粉紅色系列，米黃色、茶色、淡綠色能夠確認對方的想法。女性請穿迷你裙。如果穿長褲的話，那麼上衣、皮包、裝飾品要選擇稍長的物品。

男性只要穿著藏青色和黑色以外的服裝即可。

▼談生意時的服裝

女性要穿藏青色和藍色的服裝。藏青色和藍色是能產生協調性的顏色。

男性要打條紋的藏青色、藍色系列的領帶，看起來比較氣派。

▼與朋友相會時的服裝

要攜帶兩個人曾經一起去購買的物品，或者是共通的小飾物。這樣的話，絕對不會破壞兩人的友情。

邂逅的旅行

▼東京

在有很多運動設施的場所或室內裝潢系列的街道都是建議點。澀谷、原宿、代官山和擁有很多設計店的街道，能夠提升戀愛運。此外，從九八年開始，帶有「宿」字的街道都具有風水力。

不只是東京，像最近的力量點已經從山邊移到海邊了，因此，想要約會或是遊玩的時候，選擇海邊或河湖等有水的地方較好。

▼橫濱

擁有新的夢想，想要發揮才能時，橫濱是一個好場所。服裝、化妝等可以配合當天的心情或者是轉換氣氛等，做一些改變再出門。

▼京都

是提升戀愛運的城市。要尋找個人經營的小餐廳。想要勸說他人或是聽別人建議時，可以點一道湯豆腐。

在龜岡市由我擔任權宮司的出雲大神宮的「愛井之水」，能提升戀愛運和金運。此外，「護身符」充滿結婚的力量。

▼大阪

大阪的繁華街道能夠提升戀愛運，可以到那兒去吸收戀愛的力量。

▼福岡

可以去造訪最近陸續完成的商業大樓，以及著名的中州攤販、巨蛋球場等名勝古蹟。具有提升戀愛運的力量。

▼札幌

如果想和以前交往過的人再邂逅的話，可以到札幌。具有再度喚起過去的事物或是遺忘的事情的力量。

▼溫泉

如果要提升結婚或交際運的話到東南方；如果希望有人望、人氣時到南方；如果希望提升家庭運的話到西南方；如果希望提高上司運或支持運的話到西北方；如果希望提升人際關係或男女運氣的話到北方；如果希望提升遺產運的話到東北方位；希望製造新的關鍵時到東方；希望和喜歡的人交往的話到西方的溫泉去。

如果能在吉方位的時候去造訪的話，那就更好了。

▼海外旅行

要確認吉方位，同時運用當地原本具有的力量都很重要。

巴黎和倫敦等具有得到工作運和上司運的力量，夏威夷和墨西哥能提升戀愛運。

香港和新加坡具有得到家庭和不動產及部下運的力量。雪梨和墨爾本、關島、塞班則具有提升企劃力和名譽的力量。

斯德哥爾摩具有提升上司運；溫哥華具有提升財運和不動產運的力量；紐約和芝加哥對於企劃力、健康、工作運很好；羅馬和米蘭、威尼斯具有提高金錢和不動產運的力量。

〈海外的紀念照〉

在旅行地拍攝的紀念照片不只是留下回憶而已。根據「Dr．小林的旅行風水」的理論，認為這些照片也具有吉方位的力量。

出外旅行時在以下所表示的場所位置拍照，回家以後將照片全都裝飾在房間裡，就能擁有吉方位力量，而且能提升人際運，同時增加遇到很棒的人之機會。

●**俄羅斯等的北方位**　在橋上、船上或港口拍照。

●**加拿大等東北方位**　和飯店的服務員一起拍照，或是在高原或具有傳統建築物前拍照。

●**美國等東方位**　在區公所前和年輕的男性，或者是和三個少年在水果園中拍照。

●**夏威夷、大溪地等東南方位**　在飛機場或大樹下和朋友拍照。

●**澳洲、關島等南方位**　在海岸和美麗的女性一起拍照。

●**香港、新加坡等西南方位**　購物或散步中照相。

●**義大利或希臘等西方位**　在餐廳或是果園和年輕女性一起拍照。

●**巴黎、倫敦等西北方位**　在具有傳統的建築物或賽馬場，和中年的男性一起拍照。

邂逅點

▼餐廳

一流的餐廳價格昂貴，能夠提升名譽運和上司運。想要表現氣派的話，一定要去。

剛開始交往的情侶最好不要去飯店的餐廳，因為容易分手。

在高樓大廈頂樓的餐廳適合情深意濃的伴侶、剛認識的情侶或是關係一成不變的伴侶。

從高樓往下眺望景色或夜景，能夠幫助不佳的人際關係。

在地下街的餐廳具有在土中的平靜，最適合好久不曾見面的舊識在此相見。但是，頭一次約會絕對不要去這種地方，可能會使雙方的心情冷卻。如果不想和對方建立親密的關係時，最好不要去地下街。

家庭式的餐廳適合和親朋好友一起去熱鬧一番。但卻不是戀人能夠好好聊天的環境。經常在此約會的話，恐怕兩人的關係會無法再發展下去，必須要注意。

在河邊能夠看到水的餐廳，適合想要對對方告白或者是想要打破僵局的情況。水的流動能夠平靜你的心情，就能夠坦白地說出心中所想的事情。此外，水邊餐廳也適合聚集性格不同的人。

可以看到海或港口的餐廳是戀人們最佳的約會地點。想向對方告白的時候最好。到海中一遊。

然後到很棒的餐廳吃飯，就能提升戀愛運和工作運。

繁華街道大樓中的餐廳，最適合同性朋友在此聊天。但是不適合戀人。

在最重要的時刻可以到豪華餐聽或料理店去。關上門，建立只有兩人獨處的空間非常重要。包廂能夠提升戀愛運。此外，榻榻米也具有提升家庭運的力量。

▼酒吧

首先要檢查一下酒吧在自宅的哪一個方位。

●北方位的酒吧 最適合和親密的朋友一起去，能夠加深兩人的關係，即使不喝酒也不要緊。此外，在地下室的酒吧可以用來擴展人脈，具有穩定情緒的作用。所以，最好和關係親密的人一起去。

●東方位的酒吧 有很多和不認識的人邂逅的機會，可能因為一些關鍵而擴展工作或遊玩的和氣。以威士忌和啤酒為主，點一些乾物等簡單的下酒菜。

●南方位的酒吧 如果是高級的客人，能夠遇到很棒的人。但是，故意要表現很驕傲的一面，可能會和同伴引起爭執，所以要注意。可以把自己的酒留在酒吧，和店裡的老闆娘保持良好關係。

●西方位的酒吧 男性想要尋求邂逅的機會時，這是最適合的。因為可能在這裡有許多年輕可愛的女性。而有年輕女性的同伴一起去也可以。主要是喝啤酒或者是點幾杯甜的雞尾酒，就可以擁有好運。和店中的成員保持良好關係也不錯。

▼卡拉OK包廂

提升幹勁和發展運。卡拉OK能夠發散壓力。

●北方位的卡拉OK包廂　和戀人去能夠確認戀情。即使是秘密交往也不會曝光。

●東方位的卡拉OK包廂　因為公司裡面的人際關係或是營業活動感到疲累時可以去。

●南方位的卡拉OK包廂　自己想要找出一條活路時可以前去。

●西方位的卡拉OK包廂　最適合和異性在此放輕鬆。

▼電影院

可以看一些你希望在現實生活中發生的故事情節的作品。戀愛不順利的話可以看文藝片。想要和對方分手時則看分手的電影。

▼美術館、博物館

原本美術館、博物館和公園內都是存在著強大風水力量的場所，最適合當成約會地點，同時也是充滿提高戀愛力量的場所。想要加深雙方關係的時候，也可以邀請對方到美術館、博物館去。

▼水族館

水族館是和異性同往的最佳場所，充滿加深情愛的力量。而想要重修舊好的伴侶也可以到水族館去。

▼健身房

需要付費的會員制健身房聚集水準相同的人。高級的健身房當然比較好，這是風水的想法。因此，要利用這種高級的健身房，能夠擴展人際關係，同時也可以遇到很棒的人。

▼機場

想要提高決斷力或戀愛的運氣、因為人際關係感到疲累，或者是男女雙方想加深關係……就可以到機場去。看著飛機起降的飛機場同時用餐，可以消除煩惱、心想事成。

▼牧場

在工作上希望擴展人脈、提高戀愛運的好地點。也許去北海道的牧場走走也不錯。

▼區公所

區公所的風水力量和寺廟一樣，非常地強。一天去一次，光是凝視區公所的建築物，就能夠擴展工作上的人際關係。在面對大的工作或是成敗關鍵的工作時，只要通過區公所前面，就能夠擁有力量，得到成功。

▼神社

神社一定是設立在龍脈上。因此，神社境內充滿風水力量。如果希望得到邂逅的機會，到神社去合掌膜拜，你就會經由別人的介紹而認識出乎意料之外的很棒的人。

▼教會

想要得到支持或是希望擴展背景時，到教會去就能得到力量。如果住家附近沒有神社，或在旅遊地無法發現神社的話，就可以用教會代替神社。

▼車站

如果有長椅的話就可以坐在長椅上，提升人際關係。如果兩人約在火車站等待的話，剪票口對於戀愛為吉。

▼公園

公園具有風水力量，但是遺憾的是不具有邂逅的運氣。因此，如果是戀人的話，可以到公園約會。難以啟齒的話，可以在水池或噴水池前說出。此外，也具有強大的力量，能夠提升家庭運。

▼賭場

看得見美麗夕陽的海邊的賭場，能夠締造戀愛的機會以及加深人際關係。

邂逅的花風水

▼招待客人時的花風水

在家中請客時，餐廳和廚房以及玄關是重點。因為客人由玄關進入，在餐廳享受從廚房端出來的菜。

首先，請按照玄關的方位別裝飾吉祥花。

●北方位的玄關 使用橘色、粉紅色、酒紅色及白色的花。將粉紅色及酒紅的花插在白色的花瓶裡。使用橘色的絲帶也可以。

●東方位的玄關 紅色、藍色、白色的花。

●南方位的玄關 白色、橘色、綠色的花。

●西方位的玄關 黃色、粉紅色、白色的花。

不管在哪一方面的玄關都可以使用白色的花。如果沒有白色的花，可以在花瓶下鋪上白色的蕾絲巾。

此外，裝飾在玄關的花也必須同樣地裝飾在餐桌上。也就是說，從玄關到餐桌形成強力的幸運區。

在餐桌上使用的餐具以及餐墊，都要使用方位別吉祥的物品。

●北方位的餐廳　藉著粉紅色和白色的柔色配色，製造安詳的氣氛。

●東方位的餐廳　使用紅色和藍色，顯得豪華些。

●南方位的餐廳　藉著使用綠色的物品或是植物的圖案。

●西方位的餐廳　使用鮮黃色和橘色，修飾個性。

▼對於戀愛、結婚運有效的花

使用上方較長、長得較高的粉紅色、紅色、黃色、藍色或白色等四色的花。長得較長，表示具有與異性結緣的力量。

如果希望得到幸福的婚姻，最好還要加上白色的圓花。可以裝飾在寢室的東南或是枕邊。如果那兒比較暗的話，就要利用檯燈加強照明。花瓶最好選擇藍色或是水晶花瓶。

▼對家庭運有效的花

往橫向插一些金黃色、黃色、奶油色、野花等，製造一個像在大地生根的印象。花瓶要選擇比較平坦的花瓶，或者是具有高級感的穩定色彩的花瓶也可以。擺在家人聚集的起居室、餐廳或是西南方。

▼對朋友運有效的花

將橘色或白色以及寒色系列的花插在西方或東南方。西方表示快樂的朋友，東方表示廣大的緣分。盡可能使用具有香氣的花。沒有香氣的話，可以在花的附近放古龍水。

除了單色的花瓶以外，什麼顏色都可以。

▼對人際關係有效的花

桃花、茉莉、蘭花能夠提升人際關係。

即使不是桃花，只要是開粉紅色的花或是會結果的花都可以。種植在東南方或是擺在東南方，對戀愛有效。而白色的蘭花可以提高人際關係。

此外，將觀葉植物放在東南方，能提升人際關係和戀愛運。綁上絲帶隨風飛揚也不錯。

此外，如果希望和分手的人重修舊好的話，在東南方放置觀葉植物，附近擺相思的物品。

▼觀葉植物

觀葉植物具有使室內裝潢看起來更豪華的效果。但是不可以在房間的正中央或是家中的幸運區部分擺上大型觀葉植物。因為觀葉植物會吸收幸運的力量。

▼對戀愛或結婚有效的觀葉植物

好像迎風飛揚的長葉觀葉植物，或者是較高的觀葉植物都可以。長葉植物能夠與人結緣。幸運區的絲帶要綁四條，綁較長的絲帶較好。

可以在花盆中種點花，或者是使用豔麗圖案的觀葉植物。

▼提高家庭運的觀葉植物

對橫向伸展橢圓形的花盆或者是大圓形的花盆進行叢植，擺在餐廳或起居室。圓形具有向心力，能夠加強家人的繫絆。加入營養劑等，掛上鳥形的裝飾品也不錯。

▼提高交際運的觀葉植物

玄關一定要擺觀葉植物。玄關的方位如果在北方的話，擺酒紅色或海藍色、橘色的盆栽（或者綁絲帶也可以）。東方的話則放木盆，綁上紅色或藍色的絲帶。南方的話要放一對。西方的話，請放白色的圓花盆。將鳥形的裝飾品掛在枝頭，更能提高交際運。

▼園藝

從一九九八年開始，園藝是開運的行為。多使用粉紅色，配上白色、金黃色、紅色的花，種植在圓形的花壇或者是花盆中。經常受騙的人，也可以加上一些淡紫色的花。

邂逅的飲食

▼麵類

要提升戀愛關係或人際關係，要儘量吃麵。大家都知道，長的東西能夠結人緣。一週中至少吃四次。而在麵當中，湯為白色的排骨麵，具有最強力的效果。

長的食物還有烏龍麵、蕎麵、拉麵、義大利麵等麵類，以及海鰻、鰻魚。

鰻魚的價格比較貴，但是價格越貴越能夠提升好運，這是風水的法則，一定要品嚐一番。

▼豆腐料理、生魚片

●麵類能夠結緣

最喜歡麵類的人不管吃什麼麵都能夠結緣
。不喜歡吃麵的人，可以吃海鰻或鰻魚…

。能提升人際關係和性行為運。是吃不膩的食物，所以一定要每天吃

▼家庭料理

馬鈴薯燒肉等家庭的口味，具有提升家庭運的效果。當然不可以買現成的，一定要自己親手做。

▼三明治

和好朋友享受快樂的飲食或是約會時，可以使用。能夠加強與朋友或戀人之間的繫絆，同時具有提升家庭運的效果。

▼法國料理

在浪漫的氣氛中享受法國料理，具有提高戀愛運的絕佳效果。此外，像燉肉湯等放入許多牛乳的菜，具有擴展人際關係的作用。

▼義大利料理

因為使用義大利麵等長的食材，所以具有結緣的力量。想要提升戀愛或結婚運的時候可以使用。

▼中華料理

因為是使用圓桌，所以可以提升緣的運氣。而且同時可以看到全部的人的臉及動作，更能夠加強團體內的人際關係。

▼火鍋料理

火鍋料理可以同時吃到蔬菜、肉、魚貝類等各種的食物，當然能夠提升好運。這也是風水建議的料理，最好多放入一些食材。

從大地所採摘的蔬菜能夠提升家庭運、烏龍麵和蔥能夠提升戀愛運、白豆腐能夠提高男女的親愛度。有一陣子很受歡迎的內臟火鍋氣味較強，具有強力的戀愛運。

此外，在覺得「最重要」的時刻，點一道兩人一起享用的火鍋，裡面放一點白肉魚，例如鱈魚或者是河豚鍋，能夠使兩人的關係更親密。

▼旋轉壽司

如果是很難被說服的對象，可以利用和食來進攻，尤其到壽司店去最好，要使用旋轉壽司。好像畫圓般地旋轉，能夠增強緣的力量。

▼炸蝦飯

能夠產生直覺力，提高人氣運。對於賭博有效。

▼味噌湯

味噌的茶色能夠提高整體運。對運氣而言，最吉祥的菜碼是豆腐和海帶芽，豆腐能增強男女之愛及子嗣運，海帶芽具有友情和活力的力量。希望和家人的關係和睦、擁有開朗的家庭，最好吃豆腐海帶芽味噌湯。

▼早餐

早上光是喝一杯咖啡，以風水學而言這是最不好的作法。即使是喜歡睡懶覺的人，早餐一定要好好地吃。

和長輩邂逅的日子，以白飯配味噌湯、五香海苔等日本傳統的早餐較好。因為營業在外奔波的日子，或是必須要去見初次見面的人的日子，要喝牛乳。能夠使充滿活力的力量經由牛乳攝取到體內。

想遇到老朋友的時候可以吃納豆和醃漬菜；在希望與他人相處和睦的時候可以吃香鬆飯；想要提高戀愛運時可以喝花果茶；在想邂逅很棒的人的時候可以吃當令的水果，或者在有約會的時候食用，都可以發揮效果。

此外，已經結婚的人吃用同樣的火所做的菜，能夠擁有相同的心意。即使是慌慌張張的早晨，也一定要和丈夫或妻子一起吃早餐。

▼便當

提升戀愛運的便當其色彩非常重要。準備黃色、粉紅色、白色、紅色四色的食材，使便當富於色彩。如果想要提高人際關係運的話，用花圖案的餐巾包便當盒。

▼甜點

飯後吃甜點能提升金運。三角形的蛋糕能夠提升交際運。紅豆刨冰或哈蜜瓜刨冰能提升家庭運。一定要與想和他在一起的人一起吃刨冰。

邂逅的幸運行為

▼坐的位置

約會或聚會坐在位置上時，要坐在背後有光照過來的位置比較好，能得到對方的信賴，而且如果是女性的話，看起來會更美。

如果在海邊的話，女性要背對太陽而坐。早晨時背對東方，黃昏時背對西方的女性看起來會更美。而男性則相反，必須要面對太陽站立，才能夠表現出幹勁與活力。

▼四色花與古龍水

在東南方擺粉紅色、紅色、黃色、白色或者是藍色的四色花以及古龍水的風水術，是想結婚的男女共通的方法。東南方是緣過來的方向，而「4」則是提高緣的數字。

▼西方位的約會

對方如果是年紀比妳小的男性，而女性較年長的話，西方位的約會能夠渡過快樂的時光。如果想要擁有美好的性行為，則在唱完卡拉ＯＫ或者是觀賞運動比賽之後再進行。如果能夠配戴一些幸運色彩的裝飾品就更好了。飲食可以選擇漢堡或者是甜甜圈等簡餐。

▼下雨天的行為

下雨天是屬於陰的力量較強的日子。體內容易充滿陽氣，變得更熱情，所以要打定「好，今天要和新的人相見」的主意而去行動。沒有戀人的盡可能要拿長傘、花圖案、幸運色的傘外出，就能夠擁有機會。

但是下雨天可能也會與對方爭吵，或是因為工作而感到焦躁，所以還是要小心謹慎。

▼大熱天的行為

在氣溫較高的日子中，你的情緒有時會過度冷靜，會給與人很難相處的印象，所以，要下意識地演出一些友好的氣氛。

▼大冷天的行為

這樣的日子，很難抵擋平常看起來根本無所謂的他人的溫柔。另外一方面，也容易與一些無聊的人保持關係，所以一定要自重。

▼強風日的行為

強風日可以擴展人際關係。打電話給朋友或是寫寫信都不錯。如果是營業工作的人，在公司內外都有新的邂逅機會，會擁有快樂的一天。

▼聽收音機

如果不想在人際關係上出錯的日子，可以聽北方位的廣播電臺，或者是聽一些猜謎的節目。

想要有元氣的時候，要聽東方位廣播電臺的運動或新情報節目；想要得到人氣時，聽南方位廣播電臺的服裝和流行等情報；有約會的日子或是想要渡過愉快的一天的時候，聽西方位廣播電臺的旅行和美食的節目會有效。

▼聽音樂

想要提升上司運的時候聽古典音樂，想要提升戀愛運的時候聽慢節奏的曲子。想要提升戀愛運的時候也可以聽『Ｄｒ・小林風水開運音樂』的ＣＤ。

▼看電視

想要提升戀愛運的話，不要管節目的內容如何，要看１、４、７、

10、11、14頻道。

▼打開窗

想要提升好運的話，要開窗讓風進入房間內，這一點非常重要。家中的味道會使運氣降低，因此，如果家中一整天都封閉的話為凶。

當有客人來辦公室的話要讓外氣進入，室內要注意換氣，這也是不使運降低的秘訣。

▼向神龕或佛壇合掌膜拜

出門之前一定要向神龕或佛壇合掌而拜。此外，上班、上學的途中，如果有經過神社的話，也要低下頭膜拜。這時周圍一定有人認為你是很棒的人。

▼丟垃圾

在你家門前或是鬼門方位有垃圾收集場所的話，可以在垃圾袋中撒一些粗鹽。就不會因為雙方爭吵分手，或是約會時體調不良而留下不好的回憶。

▼向附近的樹木打招呼

從你家門看過去，在北方或西方位有車站或公司的話，通過那兒的大樹時，要出聲向大樹打招呼，就能夠提升人際關係運。

第二章　「０三法則」能提升人際關係的力量

如果不知道交往的方法，即使邂逅也無用

好的交往重點

在第一章為各位敘述過，如果不懂得交往的方法，即使有好的邂逅機會，也會成為一種浪費。

為了避免發生這種情形，要知道對自己而言，對方是屬於哪一型的人，加以分析非常重要。如果知道對方的性格，則你和這個人交往就能夠掌握「先機」。

例如，知道對方肚子餓心情就會不好的話，那麼在見面時先吃頓飯，就能夠消除雙方的嫌惡感；如果知道對方是想睡覺就會生氣的人，可以在較晚的時間與他見面；如果知道對方遇到金錢的事情就會改變性格的話，就不要和他談論一些關於金錢的問題；如果知道對方是有宗教信

仰的人，盡可能不要談及宗教的話題；或者是如果對方因為自己的學歷感到很驕傲的話，在雙方關係不好的時候，可以談一談大學的話題，相信他一定會很高興的。

也就是說，如果能夠知道對方性格或習慣的「傾向」，就不會使「好的邂逅」變成一種浪費。甚至能夠提高「好的交往」、「好的關係」。為了建立順暢的人際關係（當然大家在無意識當中都想這麼做），利用一些方法瞭解雙方的性格，非常地重要。

不要使邂逅成為一種浪費

與他人的交往有各種不同的型態。有些是因為基於純粹的好感而交往，有些則是希望對方能夠給自己金錢而進行交往。

當然有各種交往的形態，但是一旦交往方式錯誤的話，好不容易擁有的邂逅機會，也會成為一種浪費。

舉個極端的例子，因為金錢關係而開始交往，結果發現這個人只不過是外表氣派而已，事實上沒什麼錢，那就表示這個邂逅或交往對你而言是一種錯誤，或者是想要和對方結婚而開始交往，結果發現他已經有了妻兒子女，就表示這種邂逅或交往是一種錯誤。

為了避免好不容易擁有的邂逅變成一種浪費，一定要好好地與對方交往，使雙方都高興。第二章為各位介紹應用風水學法則的「高明交往方法」。

0三法則・基礎篇

Dr・小林的「0三法則」可以瞭解雙方的適合度

與人交往最重要的就是瞭解對方的性格、癖性以及與自己的適合度。因此，我在此為各位介紹我的風水術「0三法則」。

以往我就是藉著0三法則之賜，能夠平安與人交往。事實上，我在人際關係是屬於容易積存壓力型的人，經常想要隱瞞一些事情，甚至有人說我「只會說謊！」而原本我就是不懂得與他人交往的人。但是，現在別人看不出我是這樣的人，就是藉著「0三」力量之賜。

簡單的說，這個法則就是先要找出自己對對方年齡差的「族」，瞭解適合度的傾向。只要知道「族」，對你而言對方是哪一種型的人、應該以哪一種方式來交往，都能夠一清二楚。如果對方是同年齡的話則為「0族」、差一歲的話則為「一族」、差兩歲的話是「二族」、差三歲時就是「三族」。

如果差四歲以上的話，年齡差用「4」來除，用餘數來計算對方的「族」。如果全部能除盡的話，就是「0」為「0族」、如果剩「1」的話就是「一族」、如果餘「2」的話就是「二族」、如果餘「3」的話就是「三族」……從0到3為止，所以我簡單地將它命名為「0三法則。如果是比你年長四歲或年紀小四歲的人，同樣都是「0族」。

例如，我是一九四七年五月出生的，而幫助我書籍工作的A是一九六七年十月出生的，也就是說，我的生年和A的生年差「20」，用「4」除，餘數為「0」，因此，我們具有「0族」的關係。一般稱為年齡差或是生年差。

0族同志基本上是類似的一型，只要雙方互相協助的話，就能引出自己的好處，也引出對方的好處。我認為A是工作努力、值得信賴的部下，而A則認為上司的我是值得他敬佩的人。就算在0族中的年齡差為「20」，卻是屬於「超級棒」（稍後會為各位詳細說明）。所以兩個人互助合作一起工作，能夠提升好運，適合度非常好。事實上，和A一起工作之後，我的書開始暢銷了。

此外，我的朋友、事業上的伙伴B是一九五一年十二月出生的，和他邂逅之後，我的工作內容產生很大的變化。他和我的年齡差為「4」，用「4」來除的話，剩下餘數為「0」，是「0族」，也是屬於「超級棒」的關係。這就是證明風水理論的「良好關係」的基礎。事實上，我認為好的關係才能一直持續下去。

此外，經濟界出版部的谷口主編和我，則是屬於一族關係。一族之間只要能顧慮到雙方的想法，可以當成非常穩固的工作伙伴，成為堅守崗位的好伙伴。谷口先生，我一直都很在意你哦！不，應該是他也非常在意我。

但是，這個法則如果用來調查因為戀愛而結婚的人，或者是親子、兄弟姊妹、公司內一般人的人際關係時，出生年的計算方式又不同了。

在卷末附錄為各位說明，風水是以節分為一年的區分，但是「0三法則」除了調查戀愛、結婚對象、夫妻的適合度以外，是以除夕當成一年的區分。

因此，是否是節分前出生，在觀察一般的相合性時完全無關，請注意這一點。舉例為各位說明。

要觀察與一九七〇年二月二日的人戀愛的相合度，如果是在節分前的二月二日出生的話，視為前一年的出生，也就是說，是出生於一九六九年。如果要觀察與戀愛的人之外，其他人的相合度時，則視為是一九七〇年出生的人。

「0三法則」是永遠不變的法則

太陽從東方升起，中間時為南方，沉於西方，北邊曬不到太陽——風水這個學問全都是由太陽的移動方向為基礎。也就是說，風水在任何一個時代都不會改變。

只要按照這個基本，它是能應用於任何事物的學問。「0三法則」也是由風水的基本法則衍生而來的。

與太陽的移動一樣，你和對方的年齡差是不變的。去年、今年都不會使得三歲或四歲的差距縮短或者是拉大。同年出生的人經過十年以後，還是同樣的年紀。年紀年長為五歲的人不管經過幾年，還是年長五歲。「太陽從東邊升起，西邊落下」這個不變的事實，與風水的基礎是相同的。「年齡差是不變的」這個事實，就是「0三法則」的基礎。

但是，依生年的不同決定性格與命運，在占卜的世界中經常有這樣的說法。風水也是同樣的，出生年月日對於性格和命運會造成極大的影響。但是風水與占卜不同的，就是固定的事物會因環境而改變。

改變固定事物也就是風水的拿手技巧，也稱為「微調整學問」。基礎不變，只是稍微改變角度。年齡差是不變的，可以巧妙地運用風水的東南西北的理論。稍微變換角度，就能使人際關係順暢的「0三法則」，可以說是風水獨特的技巧。

相信大家應該知道了吧！風水的基本法則——西為金運源、東為健康源、南為才能源、北為信賴源——為四項原則。而0三法則也是從「0」到「3」為主的四項基本法則。

當然，東南西北各自具有不同的力量。如果要具體地應用在方位上的話，則「0族」具有北方的力量、「一族」具有東方的力量、「二族」具有南方的力量、「三族」具有西方的力量。

看似嘮叨，但是風水對於出生年月日的運而言，會造成極大的影響。

在人際關係上，不光以「我是〇〇年出生的」來看與他人的相合性。○○年出生的你和○○年前出生或○○年後出生的對象之間，會產生固有運氣的基礎，也就是相合性。

像一九四七年出生的我，身體就有一九四七年的運氣。而今年出生的嬰兒就有今年的運氣。這兒所說的運氣，可說是當年的「風水環境」。

「風水環境」會以四年為週期而移動。由東南西北四個方位為基本，所以風水是以「4」這個數字當成包羅萬象的基礎。

固有的運氣、風水的環境每四年會輪迴一次。所以要計算年齡差的時候，用「4」來除，再看餘數是幾，就可以分類出適合性的型態。

「0三法則」教導與人相處的秘訣

以風水看人際關係時，不能以「某某年出生的人」當成斷定一切的基礎。某某年出生的人有他的運氣，但是必須瞭解他對你而言會產生何種作用。

對某個人而言，也許會認為Ｄｒ．小林是「開朗、很棒的人」，但是另外一方面，也有人認為「只有開朗，但是卻是做事馬馬虎虎的傢伙」。有的人對世人而言是大壞蛋，但是對他的家人而言，卻是不可替代的重要人物。也就是說，人與人的關係非常微妙。

總之，如果客觀地去看「這個人是怎樣的人」，沒有任何的意義。最重要的是要瞭解「這個人對自己而言是什麼樣的人」。

因此，「0三法則」並不是看對方所具有的固有的特性，而是要瞭解你和對方的相關性當中，到底具有何種適合性以及傾向。並不是說「0族的性格是這樣的」，就決定了一切。而是說「與0族的人要這樣交往」，才比較快樂。

「0三法則是給與各位這一點啟示」，這一點各位一定要瞭解。

而關於各「族」都有更好的交往方法，只要實踐的話，就能夠產生很好的快樂關係。只要遵從0三法則所教導的「與人相處的秘訣」，我相信你的人生會變得更豐富。

0三法則・實踐篇

再次說明「0三法則」的概念。

自己和對方的年齡差為零（也就是同樣年齡）時為「0族」、一歲時為「一族」、兩歲時為「二族」、三歲時為「三族」。

年齡差距四歲以上時，這個年齡差距就要用「4」來除，餘數分類為0族、一族、二族、三族這四組。相信各位已經瞭解這一點了吧！

例如，你三十歲而對方為二十六歲：

30－26＝4

而用4來除時：

4÷4＝1，餘0

也就是說，兩人之間具有「0族」的關係。

此外，當年齡相反時，也就是當你二十六歲、對方三十歲時，也是以同樣的計算公式來計算。只要記住從年齡較高者來減掉年齡較低者的數字即可。

如果對方與你同年的話，某個年齡減掉同一年齡的答案當然是「0」，「0」即使用「4」來除的話，餘數還是「0」，答案當然就是「0」。也就是說同年齡的對象具有「0族」的關係。

先前敘述過，一般的風水是以節分當成一年的劃分。而0族法則如果是戀人、結婚對象、夫妻，則出生在節分前的人算是前年。例如一九七〇年二月二日出生的人，算是一九六九年出生的人。

但是，同年也有例外的情形。也就是說在滿十五歲之前，出生月分的差用「4」除，算出餘數。例如，你是十五歲以下五月生的人，而同年齡的對象是九月生的話：

●0三法則的「族」的算出法

你　對方
26歲　30歲
年齡較高者減掉年齡較低者
30－26＝4
↑
答案用4除
4 ÷ 4＝1　餘0
因此，這些人是0族

9－5＝4
4÷4＝1，餘0

兩人具有「0族」的關係。

十五歲以下的同學，要調查與較早出生者兩人之間的關係，也以同樣的方式來計算。例如，一月生和三月生的例子。

3－1＝2

可以歸類為「二族」。

但是，雖然是同學年，但是四月到十二月出生的人，與一月到三月（包括四月一日）出生的人在內，出生年的關係及出生年差一年，所以算是「一族」。

此外，如果任何一方已經滿了十五歲的話，則必須利用出生年算出

「族」。因為運氣已經是屬於大人的運氣，所以出生年的力量很強。

此外，我國的風俗習慣以實際年齡計算歲數時，生日前後的年齡差會有一歲的變化，這段期間也必須注意。會因滿年齡的不同，而使「族」產生變化。

利用出生年來計算「族」的力量非常地大。不過，基本上出生年的力量色會與其他力量色混合在一起。「0族」混入「一族」的力量、「一族」混入「二族」的力量，這個力量混色期間內與對方的接觸會產生一些變化。

力量會產生微妙的變化，因此，對於交往的方式也要進行微調。即將為各位說明「0族」、「一族」、「二族」、「三族」各自的「交往方法」秘訣。

0族

你所看到的0族的人，基本上與你有類似的性格。

為什麼呢？因為風水認為環境波（風水的生物規律）是一致的。當你感覺「好累啊！」的時候，對方也會感到很疲倦。當你生氣的時候，對方也會生氣。如果能知道這一點的話，是屬於比較容易交往型。為什麼呢？因為想要一起快樂的時候就能一起快樂，當你快樂的時候，對方也會非常地興奮。

「0族」當中年齡差為四歲、八歲、十六歲、二十歲、二十八歲、三十二歲、四十歲、四十四歲、五十二歲、五十六歲……的時候，具有「超級棒」的最佳關係。如果能巧妙交往的話，更能夠提升運勢。關於0族的超級棒，稍後會為各位敘述。

●相似點較多的0族

兩個人在一起不會覺得疲累，容易交往

❀戀愛、婚姻

「0族」的戀人關係和睦，很自然地長久持續下去。也許一開始時會覺得害羞，或者是太過於在意對方，但是這都不要緊。

婚姻生活持續越久的話越幸福。比較不容易說出一些分手的話，因此會加深緣分。

但是，「0族」的戀人容易形成孽緣。如果不注意這一點的話，雙方就無法發揮自己的優點，可能一直都是戀人，沒有辦法走向結婚的終點。

但是，如果兩人好好互助合作的話，能夠引出對方的優點。就算有一些不愉快的事情，但是兩人也要攜手併肩往前行。如果一不小心兩人分手的話，也許會使雙方的運勢降低。離婚時更是如此，所以一定要慎重其事，否則的話，對於兩人的人生都會造成不良的影響。

對於「0族」中「超級棒」的伴侶，這種傾向特別強。可以說具有共有運的關係。想起過去時，相信你就能瞭解這一點了。以往交往過的對象當中，與0族的交往緣較深、吉凶波濤洶湧。好的時候什麼事情都很好；相反的，當不好的時候，甚至不想看到對方。但是，還有別的問題存在，雖然關係不好，卻沒有辦法乾脆與對方分手，因為還會眷戀對方。

所以，0族的交往一開始最重要。多花點時間，發現適合自己理想的0族對象再交往。如果擁有0族的戀人或伴侶的你，把對方當成是你的人生，一定要好好地腳踏實地與他交往。

我們來檢視一下0族的名人伴侶吧！

養樂多隊的捕手古田敦也和廣播節目主持人中井美穗，都是出生於一九六五年的同年夫妻。0族夫妻的性格相似，能知道對方在想什麼，在一起時情緒穩定，但是不容易產生一些戲劇性的變化。最大的困難點就是容易厭倦。但是，兩個人在各自不同的工作場所非常地活躍，所以待在家中平靜一下也不錯。

此外，松田聖子和神田正輝兩人也是0族的夫妻。聖子是在一九六二年三月十日出生的，而神田則是一九五〇年十二月二十一日出生的，是相差十二歲的0族。具有能夠引出雙方優點的好關係，但是結果卻離婚了。

0族的夫妻一旦分手之後，雙方的運勢都會比較差。所以離婚一定要經過慎重的考慮。一定要多努力藉著雙方的力量朝向好的方向發展……。希望兩人能夠更為活躍。

此外，還有前些日子閃電結婚的安室奈美惠和SAM。安室是在一九七七年九月出生的，而SAM則是一九六二年一月出生的，都是0族。站在巔峰的安室選擇適合的男性也很不錯。

❀朋友

「0族」的朋友能持續長久性的關係，尤其是學生時代就結交的朋友大多是一生的朋友。但是，必須注意的是學友是最好的，一旦成為社會人士，感性就完全改變了，最後大家都分開了，像這樣的例子並不少。

0族每一年、四年、七年朋友關係會產生很大的變化。在變化出現時，處理不好的對象可能會造成承受壓力的關係，所以必須要多考慮。

❀工作的伙伴

工作的伙伴是「0族」的話，若能瞭解對方，就更能活用對方的好處，對方也能夠發揮自己的力量，多多為對方著想。

如果伙伴是異性的話，可能會產生戀愛之心，造成問題，還是保持距離，在工作面才是大吉。

❀競爭對手

「0族」的競爭對手能夠瞭解對方，因此，看清對方想法的可能性很大。戰爭時間會拖得較長久，會互相較勁。

此外，很難湧現競爭的慾望，持續不緊張的敵對關係。必須要注意這種情形。因為戰爭持續太久的話，有可能變成不容易打倒的勁敵。總之，0族的對手是很難應付的。

❀上司

「0族」的上司是特別容易讓你敬仰、順從的一型。這種上司會讓你覺得「只想跟著他」，就算在失敗的時候也會保護你。

當然，如果是運氣強的上司那就更好，但如果是運氣不好的上司時，那就糟糕了。可能使你的商業生涯變得非常悲慘。如果說你不幸跟在運氣不好的0族上司下面，最好趕緊離開。

❀部屬

對於「0族」的部屬，只要將心意傳達給對方，他一定會好好地工作。信賴關係是與0族部屬的繫絆，但是如果部屬是喜歡多管閒事的人，雙方會互相扯後腿就糟糕了。若0族的部屬不是能夠跟著你腳步走的部屬，就會造成阻礙。

❀前輩、晚輩

「0族」的前輩（晚輩也是同樣的），有共同的親朋好友，因此，大都不只是前輩——晚輩的關係而已。藉著親朋好友的介紹認識0族的前輩，例如你的妹妹和前輩結婚、前輩的弟弟和你結婚等等，將來成為親戚的可能性很高。

❀親子

「0族」的親子中，孩子大都住在父母家附近，不會住在離父母太遠的地方。這是因為親子關係具有強烈的繫絆。將來會照顧隱居的父母，同居或者是繼承家業，是超級棒的組合。

❀兄弟姊妹

「O族」的兄弟姊妹和其他的「族」的兄弟姊妹相比，關係融洽、能互助合作，相處和睦的機率較高。但是，也容易兩人攜手合作，逃離其他的兄弟姊妹，一定要注意這一點。

❀親戚

「O族」的親戚在重要的時刻對你有所幫助。另外一方面，也可能因為這個親戚而給你帶來很大的麻煩。好事與壞事非常地極端，所以最好採取若即若離的交往方式。

此外，O族的堂兄弟姊妹之間關係和睦。

一族

「一族」的人對兩人而言看似合、又似不合，在相合性上容易走極端。但是，假設後者的力量太強的話，就必須要肯定對方的優點，下意識地以「尊敬」與「親愛」之心對待對方，漸漸就能增加好的力量，花點時間就能打破僵局。原本「一族」就不是很難相處的對象。

❀戀愛、婚姻

你的戀人如果是「一族」的話，在邂逅的瞬間也許你會一見鍾情，覺得「這個人是個很棒的人」。

「一族」的伴侶容易有一方熱情過度，如果不冷靜下來，恐怕會忽略對方的本性。原本認為他是個很棒的人，想要好好地與他交往，卻沒有想到很無聊，而破壞雙方的感情，或者只是單相思而已，沒有任何的好事。以旁觀者的角度來看，也許會非常地焦急。特徵則是沒有辦法好好地表現自己的想法。

沒有辦法對「一族」的異性巧妙地表現自我，沒有辦法輕鬆地與對方交往，太過於緊張，一切都不順利，甚至與對方父母的關係都不好。這時可以詢問對方父母的年齡，按照「0三法則」來處理，以開朗的氣氛來應付一切。

如果超越這些困難，與「一族」成為戀人的話，要體貼對方，就能展開大人的交往。如果兩個人已經不會再血氣上衝、容易生氣，能夠冷靜地交往，這時周圍的人也許會覺得「太冷淡了」，但是不用在意。

「一族」的異性是很好的結婚對象，因為擁有很好的經濟觀念，在金錢方面不用發愁，可以成為一生的伴侶。但是你自己太過保持冷靜，也許對於對方太過於冷淡，會不斷想「如何才能擁有安定的人生」。如果不尊重對方的話，也許你會後悔「怎麼會有這樣的結局呢？」對對方不要抱持著太大的期待之心。

●一族的伴侶具有同樣的目標

太過於冷靜，對對方抱持太多的期待，要花一段時間才能夠瞭解

藉著擁有共通的夢想，能夠加強繫絆，成為最好的伴侶

已經成為人生伴侶的「一族」伴侶，會讓你覺得似乎有些不足。很多「一族」的伴侶會煩惱「婚姻生活怎麼一點都沒有情調？」這才是「一族」的做法。雙方太過於冷靜，或是相反地太過於活潑健康都不好。

兩人是否具有共通的夢想呢？「想要買一棟房子」或者是「想要買新車」，任何夢想都不要緊。「一族」的伴侶如果不能夠擁有實現夢想的慾望，就糟糕了。

「一族」的名人伴侶有特別受人歡迎的唐澤壽明（一九六三年六月三日出生）與山口智子（一九六四年十月二十日出生）這一對夫妻。「一族」在第一印象中非常適合。最初雙方會沖昏了頭，因此沒有辦法巧妙地表現自我，所以要多花一點時間去瞭解對方，因為瞭解對方之後會成為非常好的伴侶。「一族」的伴侶一定要擁有夢想。像唐澤和山口都是很有名的演員，所以都擁有很大的夢想。而兩個人都希望給人健康的印象，這非常像「一族」的作法。

此外，小柳瑠美子（一九五二年七月出生）與大澄賢也（一九六五年十月出生）這對夫妻也是「一族」伴侶。兩個人因為工作而認識，到達了結婚的終點，走了一段很長的路。如果只是注重心情的話，沒有辦法好好表現自我。總之，「一族」的伴侶一定要保持冷靜的頭腦結婚，才能建立好的關係。「一族」的人可以仔細考慮之後再結婚。

❀朋友

「一族」的朋友是很難成為親友的一型。但是，在雙方都有需要的時候，能夠成為互相幫助的朋友。不要忘記時節的問候或是從旅遊地買的一些禮物、賀年卡等等，就能長期交往。保持這樣的態度，在附帶條件下就能成為有益的朋友。最適合組成運動隊伍。

❀工作的伙伴

「一族」非常踏實、堅守崗位完成責任。非常適合當成工作的伙伴。

此外，當你獨立時這也是強力的伙伴。但是，只有在金錢方面必須清楚地決定。兩人一起開公司的時候，一族會成為好的幫手。不論同性或異性，都是強力的同志。

微笑組合99的組員岡村出生於一九七〇年七月，矢部出生於一九七一年十月，具有一族的關係。岡村和矢部如果能夠堅守現在的崗位，必能成為更好的搭配組合。但是，離開工作成為朋友互相交往時，最重要的是一定要徹底地遊玩。

❀競爭對手

「一族」的競爭對手一定互相憎恨。即使再怎樣注意也防不勝防，這就是一族的競爭對手。就算自己並不把對方當成對手，可是對方可能會認為你是他的競爭對手，這時就要清楚地表現出自己並沒有把對方當成是勁敵。

此外，如果異性將你視為是競爭對手的話，恐怕會背叛你。因為不懂得表現自己的情緒，因此，這個時候也許你應該坦白告訴對方自己的想法。

❀上司

「一族」上司會成為嫉妒你的對象，因此必須注意。在工作上爭執較多，由於態度稍微不同，因此，上司可能會嫉妒你。可能會認為你「太年輕、太驕傲」。這時你越是努力工作，他越會挑你的毛病。

對一族的上司平常就要努力地表現自己忠心不二的態度，在人際關係上必須要多注意。一族的上司最討厭八面玲瓏的人。

此外，如果是異性上司的話，僅只於工作上的交往該怎麼做呢？可以藉著高爾夫球的運動，努力求和。

❀部屬

「一族」的部屬一旦擁有奇怪的對抗意識時，就會令人困擾。因此，必須經常清楚地表現出「差距」來。對於命令語氣極端反感，所以要以朋友的感覺來對待對方。對於情緒起伏較大的部屬，不要讓他抓住你的小毛病，否則他可能會扯後腿。總之，異性的部屬比較容易處理。

❀前輩、晚輩

「一族」的前輩與晚輩較不容易討論人生大問題和心事，但是卻很容易討論工作上的技術性問題。在工作和遊戲兩方面能夠交往的前輩與晚輩是最理想的。雙方相處快樂、關係親密，可以成為值得依賴的前輩或晚輩。

井上陽水（一九四八年八月出生）與奧田民生（一九六五年五月出生），在音樂上具有前輩與晚輩的關係，是屬於一族的組合。兩個人可以共同作曲、共同製作ＣＤ，成為工作上的伴侶。如果是能夠互相承認對方才能的一族，是很好的搭配組合。

❀親子

「一族」的親子關係是封閉的。缺乏表現力，所以談話較少，不會有親密關係。雖然關係不是特別不好，卻會經常在一起聊天，是屬於分分合合的關係。但是在遇到萬一的時候，倒是值得信賴的親子。

❀兄弟姊妹

「一族」的兄弟姊妹大都關係不好。雙方的競爭心較強。有共通的朋友一起做事，從孩提時代看起來好像關係很好，但是卻隱藏著競爭心。尤其對同性的兄弟姊妹的這種傾向更強。反而與異性的兄弟姊妹相處得很好。長大後依然持續著這種關係。

❀親戚

「一族」的親戚喜歡精打細算。談到與金錢或與財產有關的話題時必須注意。其他的部分沒什麼大問題。

二族

年齡差兩歲或是年齡差用「4」來除，餘數為「2」的對象，就是「二族」。但是年齡差為六歲、十八歲、三十歲、四十二歲、五十四歲……時的二族具有「超級壞」的關係，所以必須特別考慮。關於「超級壞」的「二族」在稍後為各位探討。

❀戀愛、結婚

「二族」大多是一見鍾情、燃燒熱情的戀人。從戀人開始燃燒熱情，成為旁人羨慕的伴侶，是會為對方犧牲奉獻自己的愛人。「兩人柔情似水」、「兩人的關係一直都很好」這一類的伴侶大都屬於「二族」的。

雖然因為說「覺得兩人的邂逅是命運的安排」，但是另外一方面，經常爭吵也是二族伴侶的特徵。一下子想「分手算了」，結果又膩在一起。經常爭吵、又經常膩在一起，是二族的特徵。

成為婚姻對象的二族除了超級壞的例子（差六歲、差十八歲等）以外都還可以。但是，如果是分分合合再到達終點的話，在結婚之後也會出現這種情況。同時，同樣是二族的伴侶可能會出現婚外情，因此要特別注意。

事實上，經常碰到很適合的二族，能夠體貼對方、凝視對方、和對方說話，又會讚美對方的話，是最佳的組合。但是，如果不管他，會變成什麼情形就不得而知了。所以必須注意要經常說「今天的飯很好吃！」或者是「妳今天真漂亮！」「你真的很棒哦！」的稱讚話語。也許經常說會覺得很疲累，但是原本雙方的適合度就不差，所以多努力吧！

❀朋友

「二族」的朋友是維持「他是我許多朋友中的一人」的普通關係而已。如果希望擁有更親密的關係，就必須要擁有仰慕對方的心情。「他的流行感很強」或者是「他很會運動」、「他的文章寫得很棒」、「他很會說話」……等等，要向對方的好處學習而交往，這樣就能使二族的朋友建立好的關係。沒有辦法長期交往是二族朋友的特徵，但是如果能夠擁有敬仰與學習的心情，就能夠成為長期的交往。

此外，有很多名人或演員是「二族」的人。但是，有可能大都只是遊玩的朋友而已。

❀工作的伙伴

從事比自己更有技術、更有力量的工作伙伴是最好的，「二族」能夠成為強力的伙伴。如果要選擇工作伙伴的話，可以選擇二族。另一方面，如果選擇與自己水準相同的二族伙伴，可能會造成互相對對方都太滿意而掉以輕心，一定要注意。

❀競爭對手

「二族」的敵人是強力的敵人。如果成為敵人的話可就糟糕了。尤其是「超級壞二族」就更糟糕了。

通常具有能力差，所以如果不是比較例外的情形，應該不會形成競爭對手的關係。請安心吧！

❀上司

對於「二族」的上司絕對不能夠掉以輕心，必須要好好地應付他。對工作以外的事情也會以嚴厲的眼光看著你。在上司眼睛可以看到的地方，你絕對不能夠出錯。如果自己擁有一些特別的技能，就可以輕鬆些了。

尤其是「超級壞二族」的組合，有時你可能會被迫負責任，所以除非上司是運勢非常強，站在出人頭地線上的上司，否則，其他二族的上司你就要多注意了。

❀部屬

「二族」的部屬具有兩種傾向。無能的部屬會特別仰慕你，但是有能力的部屬卻有可能在萬一的時候背叛你。所以，如果是情緒不穩定的二族，不可以讓他成為你的部屬。

此外，異性的部屬會產生戀心，成為一大飛躍的機會。如果是同性，因為技術和力量具有壓倒性的差距，也能成為飛躍的機會。

❀前輩、晚輩

「二族」的前輩、晚輩能持續良好的關係。尤其是學生時代的前輩、晚輩，可以長期交往。二族的晚輩只要對前輩多盡心盡力，能使關係更好。

❀親子

除了「超級壞」的例子之外，「二族」的親子具有普通的關係，但是有時很難瞭解雙方心情，會產生誤解。有時就算打算瞭解，但是在餐桌或者是起居室沒有辦法好好地談話。家庭關係不好的「二族」親子大多是因為溝通不夠而造成的。

❀兄弟姊妹

「二族」的兄弟姊妹雖然不能說有競爭對手的關係，但是關係並不是很好。可以說比其他「族」的兄弟姊妹關係更差。如果希望努力地維持良好的兄弟姊妹關係，反而會成為一種壓力。不要勉強黏在一起，有時維持淡如水的關係也無妨。

❀親戚

「二族」的親戚也沒有親密的關係，當然也不會對你造成什麼麻煩。也許好幾年不見，家人們談到親戚的話題時會笑著說：「哦！有這樣的親戚啊！」維持這種淡如水的交往較好。

三族

你和「三族」的對象交往時，最重要的就是要坦白訴說自己的想法。「多說無益、心意互通」這種想法，恐怕會使關係產生裂痕。只有坦白交談，才能瞭解對方的心意，這是「三族」的特徵。想說什麼就說什麼，要建立這樣的關係。

❀戀愛、婚姻

「三族」的伴侶經常會遇到一些「已經不行了」的危機，甚至會遭到周圍眾人的反對，認為「這兩個人怎麼可能交往下去呢……」但是，卻能長期維持戀人的關係。不過，在戀人的時期比較快樂，所以認識之後也許要花較長的時間才會走向婚姻之路。而最後走向婚姻之路的伴侶可能只有一半，而剩下的一半就不了了之了。

如果希望擁有婚姻的終點，即使遇到經濟問題等障礙，趕緊做決定是最好的解決方法。

此外，能夠將尊敬和信賴表現出來，互相愛著對方的「三族」伴侶才能長久持續下去。結婚對象必須在冷靜的觀察之下，認為他是值得尊敬的對象、非常踏實，把未來穩定的「三族」當成一生伴侶也不錯。

已經結婚的你，如果丈夫或妻子是「三族」，可以一邊喝茶、一邊聊天，慢慢地談話，兩個人一起商量解決家庭內的事情。如果任何一方想要掌握主導權的話，關係就不好了，這就是「三族」夫妻。重視資金、有計劃地利用資金，將精打細算變成愛，這也是高明的「三族」作法，什麼事情都要互相商量。講道理也是重要的愛的表現。

養樂多的監督野村克也（一九三五年出生）和他的妻子沙知代（一九三二年出生）就是三族的夫妻。兩個人都喜歡講道理，關係卻非常好。兩人在家中也會依偎在一起看電視。「三族」夫妻中的任何一人掌握主導權都不好，因此任何事情都要好好地商量來決定。

❀朋友

「三族」的朋友在金錢方面斤斤計較，是屬於理論派的人。如果不是大事或是忙碌的時候，最好不要見他。此外，等到對方有空的時候再來找你也不錯。動不動就喜歡講道理的個性、動不動就想要生氣的傢伙，但是卻不會斷絕朋友關係的你，與對方已經交往到這種地步，還是繼續和對方交往下去吧！

❀工作伙伴

「三族」的工作伙伴和三族的朋友一樣有藉口多的毛病。選擇一個有實力、具有人性的人較好。

此外，在工作上即使沒有什麼幫助，但是外觀上看起來很好看，尤其是異性的伴侶為吉。

❀競爭對手

「三族」的對手並不具有競爭的關係。因為你根本就不理會對方。假設對方想要成為你的競爭對手，你也絕對不要理會他，否則兩人就會一起陷入泥沼中。如此一來，就會互相掙扎，所以還是要小心應付。不只是同性之間，異性之間也是如此。

❀上司

最好先準備好計劃書、企劃書等文件，再去找「三族」的上司較好。即使是口頭說明，但他也有可能會聽錯了。三族的上司說話簡短，如果他沒有聽懂卻假裝聽懂的話，也許會使你出錯。如果因為錯誤的解釋而使公司蒙受損失，那就糟糕了。

像安室奈美惠的製作人小室哲哉就是很好的上司。安室出生於一九七七年九月，小室哲哉出生於一九五八年十一月，相差十九歲，為三族。

只要不要忘記信賴和尊敬之念，就能維持良好的三族師徒關係。小室認為安室有魅力、有實力，不需要花很多工夫就能夠得到非常高的收益。而安室則認為雖然她不是很瞭解小室的音樂理論，但卻覺得他是個「很棒的人」。

❀部屬

當你給與「三族」部屬命令或指令時，他都能聽從的話，那麼他就是有能力的部屬。動作非常迅速，但是不論同性或異性，都要使用不囉嗦的部屬。多花點時間教育，就能成為強力的戰力。而請他吃頓飯也不錯。

❀前輩、晚輩

「三族」的前輩或晚輩是值得依賴的。稍微奉承一下，在遇到萬一的時候，他就能夠幫助你。越是長期交往的話，就越是能體會他的好處

●三族部屬是有希望的股票

工作起來充滿幹勁，是值得依賴的部屬。只要教育他，就能夠培養他擁有驚人的戰力。

，具有非常好的關係。

❀親子

「三族」親子之間的關係如果和睦的話，一起遊玩及擁有共同的興趣很重要。

此外，母親和女兒具有顯著的親子無法分離的情形。與其說是親子，還不如說具有如朋友之間的關係。藉著共通的興趣，母女都能非常快樂。

松本幸四郎和松高子親子，分別出生於一九四二年八月以及一九七七年六月，為三族關係。三族的親子大都具有朋友感覺，這些親子具有同樣的興趣，關係很和睦。

❀兄弟姊妹

「三族」的兄弟姊妹如果不是非常地瞭解雙方，就是完全相反，是屬於比較極端的情形。如果是後者的話，隨著年齡的增長，恐怕就不會交往下去了。周圍的人都會認為「兄弟之間的性格差距怎麼這麼大？」甚至懷疑可能是不同父母所生的，所以三族的兄弟姊妹的關係很難和睦。但是，兩個人在不同的業界都可能成為第一人者。

❀親戚

「三族」的親戚會讓人懷疑「真的是親戚嗎？」有時會做出一些非常殘酷的事情。雖然對方不是惡意這麼做的，但是結果卻會變得這樣，這就是三族親戚的特徵。令人感到很困擾，但是你平常就要多注意。總之，保持距離以策安全。

0族的「超級棒」例子

和你差四歲、八歲、十六歲、二十歲、二十八歲、三十二歲、四十歲、四十四歲、五十二歲、五十六歲……的對象，在「0族」中是最容易建立幸運關係的「超級棒0族」。所謂「超級棒」就是「容易交往的關係」。能夠提升在先前「0族」項中所敘述的幸運面，而且幾乎沒有什麼不良的影響，最好能長期交往下去。

❀ 戀愛、婚姻

「超級棒」的夫妻如果分手的話，絕對會造成損失。大多是相親或者是由親朋好友介紹而結婚的。可以說是感受到祖先緣分的伴侶。能夠以最佳平衡建立幸福的關係。但是，唯一擔心的就是太適合了，雙方無法切磋琢磨，如果不努力提高水準，會使得幸運逃脫。此外，可能會茫然渡過一生，這一點也必須注意。

如果是「超級棒」的戀人，若相處不好的確會令人很奇怪。如果現在已經屬於「超級棒」戀人的話，不要猶豫，兩個人一定要在一起。Dr．小林保證兩人一定能得到幸福。

現在備受矚目的伴侶就是音樂製作小室哲哉和歌手華原朋美這兩人。小室生於一九五八年十一月，華原出生於一九七四年八月，年紀差十六歲，是屬於「超級棒０族」伴侶。兩人關係緣深，如果相處不和，會讓我覺得非常的奇怪。越交往越能夠發揮雙方的實力，如果分手，一定會造成雙方的損失。如果能夠這樣有快樂的結局的話，更能夠飛躍進步。

已故的勝新太郎和中村玉緒夫妻，勝先生一九三一年十一月出生，而玉緒則是一九三九年七月出生，年紀差八歲，也是屬於「超級棒０族」夫妻。勝先生曾經面臨過許多的問題，有幾次離婚的危機，但是仍然忍耐而跟隨著他的玉緒，其判斷是正確的。

❀朋友、工作伙伴

請重視「超級棒0族」的朋友。在工作方面會製造大轉換的機會，同時最懂得給與對方機會的朋友。自己一定會形成工作上的大變化。事實上，實際成為工作伙伴是最好的，一定能使你更進步。

如果是異性朋友的話，有可能會發展為戀愛。

❀競爭對手

「超級棒0族」的對手是好的對手。為了超越對方，兩個人都會有進步。

此外，如果感覺對手的力量減弱時，你就必須找其他的「超級棒」對手了。否則，這個對手可能會成為你的絆腳石。雙方具有緣分極深的關係，不要認為這種做法很冷酷，這也是為對方著想。

❀上司、前輩

要重視值得信賴的「超級棒0族」的上司及前輩。但是，最好不要接近運氣較弱的對象。上司必須是運氣極強的「超級棒」的人，在他下面工作才能提升你自己的運氣。

❀部屬、晚輩

不管到哪兒都會跟著你的「超級棒0族」的部下或晚輩，能夠長期交往，形成如家人般的交流。工作的部屬不會背叛你，能完成工作。除了肯定他的工作能力之外，疼愛他也很重要。

❀親子

「超級棒0族」的親子可以一直住在一起，能夠得到父母的財產，繼承父母的事業。

❀兄弟姊妹

「超級棒0族」的兄、弟、姊、妹關係和睦，在遇到萬一的時候，也能夠互助合作，是值得依賴的手足。

❀親戚

「超級棒0族」的親戚，在遇到親人的財產問題時可以和他商量。大多是能對你有所幫助的親戚。

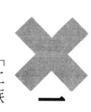

二族的「超級壞」例子

「二族」當中六歲、十八歲、三十歲、四十二歲、五十四歲……不同關係稱為「二族超級壞」。也就是說，對運氣會造成不良力量作用的關係。

❀戀愛、婚姻

「超級壞二族」的男女一見鍾情，愛得難分難捨，最後可能會私奔，但是也許結婚之後不久就分手了。如果要把對方當成婚姻對象的話，最好花一點時間調查一下。

如果丈夫或妻子是屬於「超級壞二族」的人，那麼我認為你一定會覺得「非常累」。覺得如何呢？是不是有壓力積存呢？對子女的教育要開誠佈公地交談，購買一些貴重金屬或是美容沙龍享受一番，找一些愉快的休閒，能夠使兩人的關係和睦。

在風水盛行的中國，周圍的人絕對不會同意超級壞組合的婚姻。但是就我所知，如果能夠有「迷戀的心」與「尊敬的心」支撐，就能渡過難關，現在就有很多這樣的伴侶出現。

❀朋友

「超級壞二族」的朋友最好下定決心斬斷緣分，雙方都會覺得比較快樂。如果無法斬斷緣分時，最好保持若即若離的態度，對自己而言只有好的影響。一定要好好實行這個方法。

❀工作伙伴

工作伙伴如果是「超級壞二族」時，就不要重視人性，而只重視技術和能力面吧！如果要找尋工作的伙伴，儘可能避開「超級壞二族」的人。

競爭對手

「超級壞二族」的競爭對手非常頑固，所以你一定要覺悟到這一點。當這種對手出現時，要改變你自己的位置，逃離這種對手才是為自身著想的方法。

上司、前輩、晚輩

「迷戀」與「尊敬」之心是與「超級壞二族」的上司、前輩建立良好關係的關鍵字（Key word）。與晚輩的關係也是如此。如果不尊敬的話就糟糕了。

養樂多的監督野村克也（一九三五年出生）和捕手古田敦也（一九六五年出生），年齡差三十歲，是屬於「超級壞」。原本這種關係會互相扯後腿或是背叛對方，是最糟糕的情形。但是這兩個人認為對方「我們的隊伍，因為有古田才能獲勝」「因為有監督，我才能來到這裡」，互相尊敬對方。監督認為選手具能力和技術，而選手對於監督抱持尊敬之念，這也是很好的關係。

❀親子、兄弟姊妹

「超級壞二族」的親子會認為對方「是從不同星球來的！」大家互不干涉，擁有個人的自由。一旦遭受干涉時就會生氣。

就算是「超級壞二族」的兄弟姊妹和親子，也許對方會認為「總有一天要斬斷緣分」。

❀親戚

不用擔心「超級壞二族」的親戚，因為太不合了，因此，連見面的機會都很少。

第三章　風水所提倡的人際關係實踐講座

藉著瞭解對方的「傾向」而建立快樂關係

所有的一切都能結緣

風水是非常重視「人與人的緣」的學問。和成立世界的風土和水勢的「環境」同樣的，「人」對「人」的影響極大。包括家相在內環境的吉凶，以及與何種人的交往等，都會影響你運的好壞。

人與人的邂逅全都是因為緣而產生的作用。父母把你生下來是一種緣、與戀人邂逅是一種緣、在上班的地點或是在學校和你坐在一起的人都是結緣。

利用「0三法則」瞭解交往的秘訣

我們絕對不能夠忽略這些「緣」或「邂逅」。因此，第三章具體敘述與因為結緣而邂逅的人巧妙交往的方法。利用自己與對方的年齡差，特定出「族」的「0三法則」非常有幫助。我再強調一次，各種「族」的行動形態和思考形態、喜好等都會形成一種傾向。

在第三章當中，例如「0族的朋友具有活動性」、「二族的戀人喜歡美形」、「三族的上司喜歡喝酒」等等，會以稍微斷定的語氣探討下去。但是，這是以風水學來看的「具有這種傾向」，當然不是「0族」的朋友全都「具有活動」的。因此，第三章儘量成立一些關鍵字。所以，「原來如此，那個人的確具有這種傾向」的關鍵字出現後，請你一定要加以注意及實現。

此外，如果書上寫「一族的戀人喜歡紅色的服裝」，那麼在和這個戀人相會的時候，請你穿紅色的服裝。這樣，在他（她）的眼中看來，你會更具魅力。當然更能加深兩人的戀情。

此外，如果寫著「一族的伴侶執著於椅子或床」的話，那麼你就要瞭解他的執著，和這個伴侶同樣地執著於椅子或床。具有共通的執著，也是夫妻圓滿的一大秘訣。

總之，要知道對方的形態、喜好和執著，而你自己本身也要加以配合瞭解，這對於與他人交往而言，非常的重要（當然，如果辦不到的話，則需要對方的協助）。

請你不要說：「這是理所當然的事啊！」即使是理所當然的基本，可是只要好好地做，一定能夠和對方好好地交往。而你自己也會變得更快樂。

與戀人、結婚對象高明的交往

服裝

「0族」、「一族」、「二族」、「三族」共通為吉的服裝，是白色和粉紅色系列的服裝。也就是說，要當成戀人或結婚對象而交往的對象，男女都喜歡白色與粉紅色。

此外，和「0族」的戀人約會時，可以穿褲裝。不要穿尖頭鞋，穿比較穩固的方形鞋才幸運。

「一族」則除了白色、粉紅色以外，選擇紅色也可以。設計儘可能豪華些，可以穿迷你裙等。如果是男性，水手服或運動服也能召喚幸運。

「二族」選擇綠色系列的服裝能召喚幸運。高級綠色系列的西裝，加上金黃色小飾物的點綴較好。

「三族」則除了白色與粉紅色之外，也可以選擇黃色系列的幸運色。但是如果是便宜貨的話會造成反效果。所以，就算價格昂貴些，也要選擇名牌貨。

飲食

形狀長的東西具有與人結緣，尤其與異性結緣的效果，當然食物也是同樣的。

通心粉或是麵、烏龍麵等麵類，和戀人或未婚夫妻一起吃，能夠增強兩人的繫絆。

「0族」可以吃熱的菜，或者是味道較重的菜。長形、熱騰騰的鍋燒烏龍麵也不錯。

「一族」喜歡吃酸的食物，在通心粉上擠點檸檬汁，在烏龍麵或蕎麵上面配點柚子也不錯。

「二族」則請吃通心粉沙拉，「三族」請吃以義大利麵為主的飲食。

室內設計

東南或是接近鏡子處擺四色（粉紅色、紅色、黃色、白色）的花裝飾，注意整個房間的通風良好。經常更換古龍水，保持較佳的香氣。

此外，對方為「0族」時，在房間的北方位放花圖案的檯燈。「一族」則在東方位放愛車的鑰匙等與車有關的物品。如果是「二族」，南方位放閃亮光澤的檯燈。「三族」則在西方位配上粉紅色的花。

旅行

當東南或西方位為吉方位的時期，請一定要到這一些地方去旅行。兩個人的旅行是最好的，如果遺憾的是只有一個人去旅行的話，可以展現以下的行動，加深兩人的關係。

●０族的戀人　從旅行地寄風景明信片或信。

●一族的戀人　送他運動用品等會聯想活動性主題的土產禮物。

●二族的戀人　送他在旅行地購買的化妝品（男女都一樣）。

●三族的戀人　自己在氣氛很好的餐廳吃美味的食物。而禮物也是當地所產的美味食物。

約會地點

和「０族」的戀人約會時，可以去溫泉或是公園等公共設施。此外，如果約在區公所前等待也不錯。餐廳則要選擇在地下街的店。

「一族」在電影院、遊樂中心、音樂會場、爵士音樂表演館等地約會，會帶來幸運。相約等待的地點最好是車站的剪票口或月臺。

「二族」戀人的幸運地點是瀰漫學術香氣之處。學校當然很好，站前的英文會話教室或是美術館、畫廊等藝術系列的場所都很好。此外，海岸、機場、百貨公司、銀樓及鞋店等也不錯。

對於喜愛錢的「三族」而言，銀行是超幸運地點。看起來好像不浪漫，但是可以約在銀行前等待。電視或雜誌上介紹的名店、成為話題的店、服裝精品店、舞廳等都很好。此外，如果對於寺廟有興趣的話，也具有古風的一面，提議到寺廟去旅行，一定會讓對方很高興。

時間

「族」各自具有「適合的時間帶」。如果你配合這個時間帶打電話約定見面，就能建立更熱情的關係。每一「族」適合以下的時間帶。

●○族　上午九時到十一時，下午二時到四時，晚上十一時到凌晨一時。

●一族　上午六時到八時，下午一時到三時，晚上九時到十一時。

●二族　上午十一時到下午一時，晚上七時到九時，凌晨二時到四時。

●三族　上午十時到正午、下午五時到七時、深夜零時到二時。

心靈

「0族」的戀人對於事物具有「信賴就是一切」的思考傾向，因此，很喜歡「愛」或是「真心」這樣的話。但是事實上，他卻抵擋不住物質的誘惑。送給他真心的禮物，對方一定會投入你的懷抱。此外，很喜歡車子，邀請他開車兜風也很好。

很喜歡快樂事情的就是一族的戀人。他（她）的周圍隨時都瀰漫著快樂的氣氛。因此，你反而要締造平靜的氣氛。有時要告訴他平靜也很重要，相信對方一定會對你另眼看待。此外，「一族」很喜歡健康美，也就是體型好的異性，所以一定要注意自己的體型。

而「二族」喜歡美形，很喜歡外表的華麗，而且很難抵擋具有智慧和才能的東西。在外表上或者是本身具有智慧和才能的話，一定要表現出來。「三族」感興趣的就是錢和美食。如果要送他禮物，送他高級名牌貨最有效。而且邀他去用餐的話，他也會很高興。

夫妻巧妙相處的方法

服裝

所有夫妻共通的幸運服裝的顏色就是綠色和茶色。此外，「0族」為酒紅色與白色、「一族」為藍色與紅色、「二族」為橘色及金黃色、「三族」為黃色與粉紅色，較能增進夫妻關係。

如果是配戴貴重金屬，伴侶為「0族」或「一族」時，配戴銀色系列。「二族」或「三族」時，配戴金黃色系列。寶石的話，「0族」戴貓眼石、「一族」戴紅寶石或藍寶石、「二族」戴綠寶石或鑽石、「三族」戴鑽石最好。

要加深夫妻繫絆的服裝配件，則是圍巾和領帶。大家都知道長形的東西具有強大的結緣效果，「0族」選擇素色或者是格子圖案、「一族」選擇花的圖案或是條紋圖案、「二族」選擇素色或是條紋圖案、「三族」選擇花圖案或格子圖案，更能提高效果。

飲食

「0族」的伴侶儘可能在家中用餐，比較不喜歡在餐廳等地外食。利用冰箱中的食物，用心地做一頓美味的飯菜。尤其是用火煮熟的料理，更能讓他感受到愛。很喜歡湯類，味噌湯等是不可或缺的。

「一族」對於飲食大都沒什麼感覺。有時候早餐只是土司麵包配咖啡而已。有時候一大早就開始吃牛排或者是咖哩飯。或是因為「對身體很好啊！」的理由而拼命吃生菜，會有一點偏食的傾向。這樣的一族可以和他一起吃漢堡或便當。

「二族」是屬於美食者。有時候會自以為自己是個美食家。例如，有時會說：「啊！談到德國的葡萄酒，紅酒比較好」。一般人所說的德國葡萄酒所指的是白酒。他有這種可笑的一面，但你也只能微笑地聽他敘述。

和「三族」的伴侶一起用餐，飯後的甜點是不可或缺的。水果、冰淇淋、巧克力或甜的東西都可以。此外，心情愉快的時候，可以一邊喝白蘭地或葡萄酒，一邊吃下酒菜。不要認為「怎麼又開始吃了……」一定要好好和他交往。

室內設計

「0族」的伴侶最執著的就是舒適的空間，能夠安靜坐下來的椅子。起居室的沙發、餐廳的椅子、座墊、墊子、榻榻米以及床等，對於坐著的舒適感、躺下來的舒適等，他都非常感興趣。所以在這一些裝潢上一定要多花錢。當然一定要選擇幸運色。

「一族」在室內裝潢當中，喜歡音響等電器類，儘可能要選購這一類的產品。早晨陽光是否能照進來的房間也非常重要，如果有的話，「一族」的人會非常高興，萬一沒有，音響等可以擺在東方位，添上紅花或紅色的物品。

如果讓「二族」看到太陽能照進來的房間大窗，就非常滿意了。儘可能要有能夠喝茶的陽臺，非常執著於觀葉植物。此外，感覺夫妻的關係不好時，可以換一下鏡子的位置。化妝品類不要擺在南方位，否則會在化妝品上花太多的錢。

「三族」對於古典的設計有興趣，即使不是昂貴的東西，仿造的也無妨。大理石的裝潢對於使夫妻和睦相處非常有效。

花

「0族」是屬於能夠被茶花等樸素的花打動心弦的一型。只要一朵可愛的花，他就很難抵擋了。

「一族」喜歡鮮花。如果能夠在季節花的圍繞下，一定會很高興。

「二族」如果在廣口白蘭地酒杯中放一點玫瑰花瓣，他一定會非常的感動，屬於喜歡浪漫的類型。在酒瓶中插花也無妨。

「三族」也許他懂得花風水哦！他或許會得意洋洋地告訴你：「在西邊把黃色的花插得和小山一樣……」非常注重裝飾的一型，當然也會注意花瓶。

物品

「0族」對於睡衣或是枕頭、枕頭套與睡眠有關的物品非常地執著。此外，是非常重視平常看不到之部分的一型，連內衣褲都會花大錢去購買。

「一族」所喜歡的是與運動有關的物品。利用郵購的方式購買跑步鞋或是流行的運動鞋等等，房間中會擺滿一些運動物品。

「二族」喜歡閃耀光芒的物品。水晶杯或是照明器具等，對於會發光的東西都非常地執著。此外，有時喜歡表現虛榮的一面，所以會執著於「只有自己才有的東西」。無法抵擋限量品、只製造一件等物品的誘惑。

愛吃的「三族」會執著於餐具。尤其喜歡歐洲製的名牌貨。

總之，不管是哪一「族」，你都要瞭解對方的執著。有時送他執著的物品，就能使夫妻關係相處和睦。

行動

「0族」的伴侶可以在餐廳喝茶或咖啡。兩人外出喝茶時，能使夫妻的感情更好。最好到「兩人一起發現而很喜歡的餐廳」去。0族在旅行地也很喜歡去找刊登在旅行雜誌上大家沒有去過的店。「這是我們兩人發現的場所」，「只有我們兩人到這裡來」——他很難抵擋這樣的臺詞。

和「一族」的人出去時，開車、野餐或遠足等都是幸運的行動。做他最喜歡的便當，邀請他一起前往，他一定會很高興。

「二族」的伴侶希望再次造訪兩人曾一起去過的場所。可以邀請他去擁有兩人回憶的地方，他一定非常感動。此外，例如兩人互相為對方敷臉或是一起努力減肥等，一起做同樣的事情，也是使夫妻關係和睦的秘訣。

「三族」，夫妻兩個人可以共同做同樣的事情。但是以藝術方面比較好。例如兩個人一起學習英文會話也不錯。三族的人喜歡食物，可以兩個人一起做料理。總之，三族的夫妻會融入只有自己的世界中。

心靈

「0族」的伴侶也許會認為「存錢才具有生命的意義」。0族也許會努力存錢，光是看存摺就會令他感覺非常滿足。是屬於勤儉的人，最討厭花大錢。「為了將來著想……」是他的口頭禪。

相反的，「一族」則是剛剛好的典型。是「只要今天有錢用，不管明天了！」的一型。但是，不會花大錢，頂多是「一下就用了二百塊」或者是「跑去餐廳大吃一頓」等等，這樣的話就不用擔心。可能藉著去超級市場或大拍賣的時候購物，能夠轉換心情或發散壓力。嘴巴上說得

●心靈面的特徵

二族

無法抵擋他人稱讚的二族

○族

大多是踏實者的○族

三族

聽人嘮叨會生氣的三族

一族

藉著購買便宜貨發散壓力的一族

很誇張，但是內容可能比較保守，這就是一族的特徵吧！

「二族」對於感覺、氣氛等等的關鍵字無法抵擋。如果對他說「你真有感覺耶！」「你的感覺很合耶！」他一定非常高興。此外，稱讚他配戴的貴重金屬也有效。

「三族」最討厭別人破壞他快樂的氣氛。所以就算他有點過分，也不要嚴厲譴責他。此外，他對於娘家的事情或是金錢方面喜歡展現驕傲的一面，只要默默聽過就算了。

與朋友、前輩、晚輩的高明相處法

服裝

想要與朋友或是在工作上沒有關係（也就是學生時代的關係）的前輩、晚輩好好相處時，可以配戴兩人一起買的東西，或者是一起旅行時所買的東西，增強交際運。

不必特別針對每一「族」而改變服裝，整體而言，條紋圖案為吉。顏色方面以當年的幸運色或兩人共同喜歡的顏色都很好。如果是女性，不要忘記配戴一些會發光、搖晃的東西，例如耳環等。

飲食

和「0族」的朋友、前輩、晚輩一起吃東西時，日本料理最好。如果吃西餐的話，一定要點一道湯。

「一族」的人也可以吃日本料理，以壽司最好。此外，使用香料的香料料理也不錯。

和「二族」一起吃東西，最好吃西餐。如果是吃沙拉，也要吃生菜。

「三族」的人也吃西餐。主菜點魚或者雞肉料理，他一定會很喜歡。因為非常擔心減肥的事情，所以不能吃高熱量的食物。在比較便宜的店中不必花錢，吃一頓也不錯。

此外，中國菜對於所有的「族」都適用。

室內裝潢

首先玄關要擺花或是有花圖案的物品。上面要擺粉紅色、白色、黃色的物品，例如白色的球鞋或是粉紅色的花，配上黃色的鞋子等，配合三色的物品更能加深友情。

此外，「0族」的人要利用能使整個玄關看起來更亮的統一設計。

而「一族」的人要在玄關掛鈴鐺等會發出聲音的東西。

「二族」，要在玄關放置兩盆觀葉植物。「三族」，要把大理石的物品放在玄關，多放一些粉紅色與黃色的東西。

花

在有一些慶祝的事情或是約會時可以送花束。

「0族」喜歡橘色和酒紅色系列的花；「一族」適合藍色和紅色的花；「二族」則需要較多的綠葉，一定要混合白色與橘色的花；「三族」則要送以粉紅色及黃色花為主的花束。

絲帶要選擇當年的幸運色。

物品

雖然每一「族」不具有強烈的傾向，但是使用同樣的品牌，是與朋友好好相處的秘訣。尤其是筆記用具或是記事本等，選擇同一系列的產品。

行動

「0族」的朋友、前輩、晚輩具有活動性。冬天可以去滑雪、溜冰，夏天可以到高原去。

和「一族」一起去電影院能夠帶來幸運，不僅能加深友情，也能提升你自己的運。例如，如果想要提升戀愛運，選擇有快樂結局的戀愛故事；想要賺錢，看一些成功的片子也不錯。此外，可以去打保齡球或唱卡拉ＯＫ。

與其和「二族」的朋友一起出去玩，還不如到餐廳吃一頓比較幸運。儘可能選擇水邊的餐廳，或者是開放式咖啡廳等。此外，如果有光亮的銅柱或是擦得發亮的杯子點綴，就更好了。

和「三族」的朋友一起出去時，到可以找尋異性的街道，就能夠得到幸運。但如果是和男性一起去，最後有可能會去風月場所。

心靈

如果你和「0族」的朋友或前輩商量事情，他會很高興。事實上，0族的人當別人請求他時，他的內心一定會高興地認為「這傢伙來求我了」。

「一族」的朋友們有時表現比較輕薄，這時可以說一些無法實現的夢想。

和對流行非常敏感的「二族」交談的話題，當然是流行的服裝或是物品。此外，也可以驕傲地展現自己配帶的東西，是使雙方加深關係的秘訣。

「三族」最喜歡吃，當然喜歡美食的話題，對占卜也很感興趣，可以表現一下自己的風水知識。

此外，關於金錢的話題也是吉。

與上司、部屬高明的相處法

服裝

在與工作有關的情況下，一般常識認為要穿不顯眼的顏色最好。也就是說，黑色或藏青色、茶色系列，襯衫基本上是白色的。而男性要打幸運色的領帶。

「0族」在工作關係上最重要的就是鞋子。黑色並擦得亮亮的鞋子能夠提升好運。

「一族」尤其是與一族的上司有關的，就是格子襯衫或領帶。很喜歡豪華，所以在髮型上下點工夫也不錯。

「二族」的上司、部屬是很喜歡金光閃閃的貴重金屬的人。而二族非常執著於服裝的牌子，在脫掉上衣的時候，會故意讓對方看清「made in italy」等的字樣。如果對方是這一型的人，那麼，你也可以做同樣的動作。此外，稱讚他所戴的眼鏡等小物品，他一定會很高興。

「三族」的上司喜歡看起來比實際年齡更年輕的服裝。所以對他說「這是我的孩子送我的禮物」，讓他看帶有米老鼠刺繡的手帕等，他一定很喜歡。對待三族的人，最重要的就是稱讚他。

飲食

和「0族」的上司共進午餐時，只要在公司內餐廳吃便宜伙食就可以了。點定食等便宜的菜，他也會很高興。

如果是「一族」的上司，在公司的會議室，大家一起吃便當為吉。

「二族」的上司是屬於從午餐開始就喜歡吃美食的人，事先預約再邀請他，他一定會很高興。如果被帶到放著「預約席」牌子的桌前，他一定會非常高興。他是很喜歡受人注意的人，所以一定要安排他坐在窗邊的位置。可以建議喜歡喝酒的二族「要不要喝啤酒或葡萄酒呢？」

●與上司、同事巧妙相處的秘訣

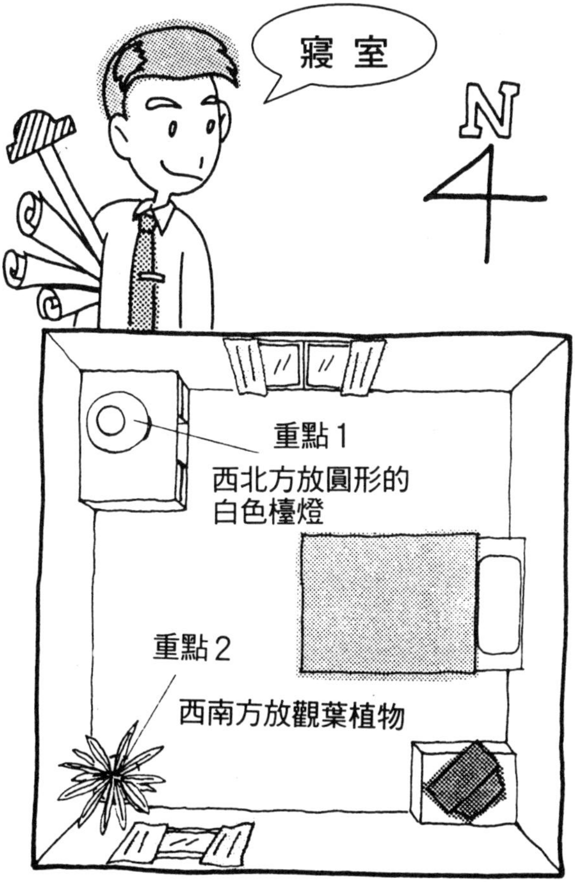

寢室稍做安排，能夠提升運氣。

「三族」的上司每天都會到自己喜歡的店吃午餐，因此你可以告訴他比這家店更好的店，請他去那兒共進午餐，他一定會對你刮目相看。

室內裝潢

如果想和上司相處得很好，在寢室的西北方位放圓形白色檯燈。如果想和部屬或是同事好好相處，在寢室西南方位擺觀葉植物。此外，依對方「族」的不同，可以在寢室的西北方位擺以下的物品：

●〇族　帶到公司去的東西，尤其是錢包。

●一族　皮包、大哥大、記事本（部屬的話放在西南方）。

●二族　筆記本或筆等文具類。

●三族　西裝、領帶、襯衫、手帕等在公司穿的衣物。

花

要改善上司與部屬的關係，要使用黃花擺在家中的西方位。此外，關於花方面，並沒有特別的「這個顏色的花對於〇〇族的上司、部屬有效」的說法。

物品

包括上司及部屬在內，名片夾是使工作場所的人際關係良好的代表物品。依對方「族」的不同，分別使用不同的顏色、素材的名片夾。

●０族　黑色名片夾，素材為皮製。

●一族　豪華設計，有花紋的名片夾，什麼素材都可以。

●二族　綠色系列或是金色、銀色的名牌貨。素材為金屬，可以開關式的名片夾。

●三族　茶色系列的名牌貨。什麼素材都可以。

行動

在此談論的是，下班後一起去哪裡才能得到幸運的話題。

和「0族」的人一起去，到能夠嚐到家庭菜的小飯館去，喝一杯日本酒，氣氛會非常融洽。如果是上司，可以和他商量人生的問題，他一定會感到很高興。對上司要擺出「我非常依賴你」的姿態。

和「一族」的人渡過下班後的時光，是到有許多年輕人聚集的店中。如果是上司，很喜歡小鋼珠、英文會話學校或健康等話題，可以陪他一起去按摩或做三溫暖為吉。不管在任何場所，你自己的行為要非常開朗。

「二族」（尤其是上司）要帶他到有很多女性的地方，或是有美麗女老闆娘的店中，才會幸運。可以對他邀請說：「有一家很有趣的店哦！」他一定很難抵擋。這時談到工作的話題，也許你的企劃就能通過。

「三族」只要和他一起去酒店就ＯＫ了。但是不要談工作的話題，他對於游玩的話題更感興趣。

親子高明交往法

服裝

穿幸運色的睡衣是基本條件。例如：一九九八年如果穿著金黃色或綠色系列以及酒紅色系列的睡衣，能夠改善親子關係。

一族在家中穿的運動衫或休閒服、「二族」的鞋子和皮包、「0族」和「三族」的餐具如果是幸運色的話，更能夠提高效果。

室內裝潢

首先，就是要每天用水擦拭玄關，這是改善親子關係的基本風水術。

此外，利用增大的用餐空間也能改善親子關係。餐桌上要擺以下的東西：

●0族　表現「團結」的圓桌。餐廳和玄關的色調搭配，兩邊都要裝飾紅色的花。

●一族　四方形的餐桌。角也不要使用圓形的。

●二族　餐桌上擺金屬燭臺。餐桌的演出儘量豪華些。餐廳的玄關要放觀葉植物

●三族　在餐桌上擺玄關有的東西，以及同樣的黃色物品。

物品

筷子當然要保持清潔。整體而言，廚房周圍的物品骯髒，是使親子關係不睦的元兇。

●0族　使用橘色的廚房踏墊。要立刻更換髒的拖鞋。

●一族　有華麗花紋圖案的圍裙。鍋子和壺、煎鍋等選擇紅色系列最好。廚房一定要擺蘋果。

●**二族**　鍋和壺、煎鍋等要選擇能夠發亮的器具。廚房可以擺觀葉植物，也可以擺家人的照片。

●**三族**　使用黃色的圍裙。水果類也是廚房不可或缺之物。

行動

如果你的孩子是「0族」的話，可以一起看報紙，幫他做作業等等，做一些教養類的事情。此外，一起泡澡也無妨。

可以和「一族」的孩子玩接球運動，在戶外很有元氣地享受運動之樂。此外，帶他出去兜兜風或唱卡拉ＯＫ，他也會很高興。

「二族」的孩子最討厭鞋子髒，可以幫他擦亮鞋子，或是讓他自己擦鞋。一起到美容院或是理髮廳去、一起學才藝或是共有一件可以穿的服裝，這是與二族的孩子和睦相處的秘訣。

可以帶「三族」的孩子去購物，當然他一定會發動「這個也想要、那個也想要」的攻擊，有時適當的責罵他也很重要。

心靈

「對人親切」、「與他人和睦相處」對孩子而言也是基本的條件。但是，如果孩子是「0族」，你絕對不可以嘮嘮叨叨地對他說：「對人要親切哦！」為什麼呢？因為會給與他過剩的壓力。當然，如果他表現出溫柔的一面時，你就要稱讚他：「你真是個溫柔的孩子！」

同樣的，對於「一族」的孩子而言，要稱讚他的「開朗」以及「健康」的表現。

對「二族」的孩子則要稱讚他的「可愛」及「學力面」。而對「三族」的孩子，要稱讚他的善行，此外，也可以給他一些零用錢。

使孩子們和睦相處

這個項目是指「使兄弟姊妹和睦相處的方法」。同時也在告訴你，讓你的孩子好好相處的秘訣（當然也符合你自己以及你的兄弟姊妹的例子）。

最重要的不是說對你而言孩子是屬於哪一族？而是孩子之間的關係到底符合哪一族？這一點絕對不要混淆。

服裝

「超級棒」的例子當然不用提了，如果是「0族」的兄弟姊妹關係很好，因而共有服裝也是理所當然的事情。但是，一定要洗乾淨，放在太陽下曬乾之後再讓他們穿。

「一族」關係的兄弟姊妹，女孩以紅色系列、男孩以藍色系列的服裝較好。綠色系列的服裝對男孩、女孩而言都是吉色。

具有「二族」關係的孩子，絕對要買同款的新服裝。例如，長男買毛衣的話，次男也要買毛衣。不要因為年紀小，就用襯衫來欺騙弟弟，這樣會導致兄弟的關係不好。此外，在品牌上也不能有任何的差別。長女穿名牌、次女也要穿名牌，這是基本要件。總之，一定要平等地對待二族的兄弟姊妹。

「三族」的孩子們可以穿比較華麗的服裝。尤其是爺爺、奶奶買衣服送給他們時，他們會感到很高興。

飲食

「0族」的孩子可以在大盤中放菜或是火鍋料理，大家可以在一起吃。經常吃這些料理，當然能建立良好關係。「一族」和「三族」的孩子所喜歡的就是芳鄰餐廳，或者是漢堡類。

星期天可以讓孩子們出外去跑跑，為你買點東西。「二族」的孩子和「0族」相反，一開始時，一定要先將菜分好，否則他們會不高興。像中國菜等大盤的料理，如果父母不能平均地分配，他們就會開始爭吵了。

室內裝潢

理想的小孩房是朝陽或是南邊的太陽能夠照進室內或是通風良好的房間。要給與孩子們能夠滿足其中任何一項條件的房間。將觀葉植物擺在小孩房，在鬼門裝飾白花也很重要。

對「0族」的孩子而言，書桌的位置也很重要。坐在書桌前時，臉一定要朝向北方。房間的基調色選擇藍色或是綠色等具有穩定情緒作用的顏色較好。如果是喜歡看書的孩子，一定要給他書架。

此外，喜歡一邊看書，一邊打電動玩具、喜歡躲在家中，這是0族孩子的特徵。

喜歡運動的「一族」孩子，房間的室內裝潢也有很多的運動用品。

例如，他所喜歡的球隊的用品等。此外，像迪士尼卡通人物的裝潢或是樂器等會發出聲音的東西，也能使兄弟關係和睦。

可以給「二族」的孩子裝寶物的箱子。女孩可以給她珠寶箱。房間裝飾繪畫或是有名的作品，他都會很高興。

對「三族」的孩子而言，掛衣服的場所，也就是衣櫥的位置很重要，必須安排在西方、西南方、北方等方位。

物品

兄弟姊妹之間的適合度，對於在學校是否受欺侮或是爭吵等不好的人際關係，也會造成很大的影響。為了抑制這些不好的力量，帶到學校的手帕要放幸運色的繩子。要選擇長形的繩子，具有將人際關係朝向好的方向拉的力量。而書包本身選擇以下的物品較理想。

- **〇族** 黑色或酒紅色等穩定色彩的書包。
- **一族** 條紋書包。紅色或藍色都很好。

●二族　書包可以掛一些發光的東西。鞋子也可以附帶亮穗。

●三族　書包上掛護身符。

行動

先前談過，「0族」的孩子喜歡在家中看書或漫畫，因此不懂得轉換心情。你偶爾必須帶他們去遊樂場或動物園。

「一族」的孩子很喜歡用電話聊天，因此給他大哥大的話，他一定會很喜歡。外出時也可以打電話給在家看家的孩子們。此外，帶他去迪士尼樂園等主題樂園或公園也不錯。「二族」的孩子可以帶他去旅行。「三族」的孩子則可以一年帶他去娘家好幾次。

心靈

個性溫馴的「0族」孩子不懂得與人交往，精神容易鬱悶。要經常鼓勵他，帶他外出。

「一族」和「0族」相反，不喜歡待在家中。以父母的立場而言，想要使他安靜下來。

事實上，一族的孩子也希望自己成為「安靜的人」。

「二族」的孩子有時比較任性，父母對這種任性的表現絕對不可放任不管。多花點時間改善他的性格。

「三族」的孩子有喜歡說話的傾向。兄弟之間會不厭其煩地互相聊天，而且也很喜歡和大人聊天。即使再忙，也一定要成為他的聊天對象。

和公婆、岳父母的高明相處法

服裝

如果公婆、岳父母（或者是未婚夫妻、戀人的父母）是「0族」，要穿樸實的服裝，讓他覺得你是個樸實的人。當然是因為0族的公婆或岳父母不喜歡氣派的人。同樣的，「一族」的公婆或岳父母也喜歡樸素的服裝。最喜歡具有清爽感的服裝型態。

對於「二族」的岳父母或公婆，要表現出「公主」或「公子」的一面。穿著氣派的服裝，能使他們產生好感。

「三族」的公婆或岳父母喜歡T恤配牛仔褲。有時自己也會做很年輕的打扮。會和自己的孩子（尤其是你的伴侶）穿同樣的服裝。

飲食

當「0族」的公婆或岳父母邀請你吃飯的時候，端出的料理全部都要吃完，不可以剩下來。如果你招待對方時，一定要做豆腐等比較樸素的料理。

如果是「一族」的公婆或岳父母，可以到一些平民化的餐廳用餐，才能得到幸運。如果吃壽司，要吃旋轉壽司，或者是外帶餐廳也可以。

「二族」公婆或岳父母喜歡價錢比較貴的料理。尤其喜歡吃蝦、蟹。可以先預約飯店的餐廳，招待雙親。出外旅行的話，一定要帶當地的名產回來。

「三族」的公婆或岳父母以高級系列為吉。此外，義大利料理以外送的披薩最好。

室內裝潢

如果你的住宅的室內裝潢是屬於比較豪華的設計，則「0族」的公婆或岳父母不會對你產生好感。不過，0族本身也具有一點豪華主義面，價格比較昂貴的寫字臺，也會成為一種驕傲。

對於「一族」的公婆或岳父母，在室內裝潢上不必花太多錢也不要緊。窗簾和地毯等可以選購拍賣品。當然必須要注意整體的平衡。若是「二族」公婆和岳父母的情形，只要有祥和的氣氛就可以了。如果他們邀請你到他們家去時，一定要對於裝潢的品味多加奉承。

「三族」的公婆及岳父母喜歡統一時髦的設計，和式家具類要選擇堅固耐用的家具。

花

可以送「0族」的公婆或岳父母豪華的花。可以對她說：「我為媽媽買了一百朵玫瑰」，她一定會非常高興。顏色當然是以幸運色為主。此外，也要點綴一些粉紅色、酒紅色、白色的花。

送花給「一族」的公婆和岳父母時，不是由你，而是由你的子女或是花店的店員選花較好。便宜的花也不要緊。此外，如果是子女將自己摘的花送給他當禮物，他也會非常感動。

對於「二族」的公婆或岳父母，送他雜誌上所刊登的花或者是與飯店大廳同樣的花，具有附加價值的花比較好。觀葉植物也可以。

如果是「三族」的公婆或岳父母，送花給他的時候還要加上水果。如果喜歡酒，也可以送葡萄酒。

物品

關於物品方面，要送給公婆或岳父母，需考慮到以下的情形。

「0族」非常重視「過去的回憶」，所以整理照片，製作成相簿送給他當禮物也無妨。此外，廚房所使用的日用品，或者是襪子、毛巾也可以。他最喜歡「樸素的東西」，所以絕對不要送他昂貴的水果。

送「一族」的公婆或岳父母電影或是音樂會票、旅行券等最適合。

如果出外旅行，不要忘記帶土產。在旅行地旅館內帶回來的肥皂會給他意外的驚喜。

執著於「美」和「外觀」的「二族」公婆或岳父母，以化妝品最好。因為對於「香味」非常敏感，古龍水也無妨。

送小皮包和記事本給「三族」的公婆或岳父母也不錯。此外，也是非常羨慕別人所擁有的東西，所以一定要觀察他們的想法，毫不吝嗇地買這些東西送給他們。不過，反之，他可能不會讓你看到他很重視的東西。

行動

在「0族」的公婆或岳父母的面前，不管做什麼，都一定要創造出一個「樸實」、「踏實」、「家庭」的氣氛。絕對不能夠表現豪華氣派的一面。

如果是「一族」的公婆或岳父母，可以大家一起唱卡拉OK或玩遊戲等，創造一個和樂融融的氣氛。一起去旅行也不錯。你要隨時保持開朗、健康的形象。

如果是「二族」和「三族」的公婆或岳父母，稍微奢侈一些，能夠使關係更好。例如，可以帶他前往一般人無法進入的高級餐廳。此外，邀他開車兜風或是欣賞戲劇表演也不錯。

給與競爭對手打擊

服裝

在服裝方面想要給競爭對手打擊時，要徹底配合對方的興趣和感覺。而各「族」所執著的服裝如下，你也絕對不要輸給他。

●〇族　領帶、內衣褲、鞋子、襪子。喜歡樸素系列，你也要打扮得樸素一些。

●一族　西裝、襯衫。喜歡格子和條紋圖案。

●二族　貴重金屬、手錶、手鐲、眼鏡、髮型、整髮劑、古龍水都是他的最愛。

●三族　非常懂得整體的搭配，非常具有流行的感覺。

室內裝潢

在室內裝潢方面，一定要超過對方的執著，你必須要加深自己的執著。如果是具有競爭關係的對手，絕對不能讓他保持優越感，如果對方佔優勢的話，這時你就已經輸給對方了。而關於各「族」執著的室內裝潢如下，你也不能夠輸給他。

●０族　一點豪華主義。喜歡海外牌子的高級家具。

●一族　喜歡音響等會發出聲音的東西，或者是檯燈等照明器具。

●二族　喜歡手工製的家具以及觀葉植物。

●三族　對於室內裝潢並不在意，整個房間塞滿了東西。要對抗三族的話，你的房間反而要整齊清潔的保持統一，經常打掃。

旅行

當然，你不會和競爭對手一起去旅行。而你自己可以藉著旅行給對方打擊。

「0族」的對手知道你到他不熟悉的海外土地去旅行時，會產生一種強烈的嫉妒感。你可以到從國內沒有直航班機的地方去旅行。

「一族」的競爭對手不會去夏威夷等大眾化的場所，而你去夏威夷好幾次，成為夏威夷通，相信他一定會對你刮目相看。

「二族」嚮往海外的一流飯店。你比競爭對手先一步到海外的一流飯店去住宿。歸國之後，從飯店的裝潢到淋浴設備等都要仔細敘述。

關於「三族」方面，旅行不會給與對方打擊，況且他是不可能用便宜金額享受快樂旅行的一型。所以你在旅行上也不必花太多的錢。

心靈

「0族」的競爭對手喜歡「自己得到他人的信賴」。但是，事實上卻完全相反，周圍的人都可能認為他「太馬虎了」。如果他知道這一點，一定能夠給他決定性的打擊。

同樣的，「一族」的人對於健康面、「二族」的人對於容貌、「三族」對於自己很吝嗇等，都會表現自卑感。這些弱點都是你攻擊的目標。也許你覺得不忍心，但是自己不主動發動攻擊的話，無法打敗競爭對手。

和鄰居高明相處法

要和附近鄰居高明相處，首先要注意自己的打扮。絕對不要因為只是到附近的超商就穿著拖鞋跑去，頭髮要梳理整齊。即使不化妝也必須擦點口紅，要有最低限度的裝扮。

「0族」的鄰居不喜歡太華麗的服裝，但是不喜歡邋遢的服裝，因此要穿具有清潔感、樸素的服裝。如果有事與他商量的話，他會很高興。但是絕對不要商量一些讓對方感到煩惱的事情。在應對方面，要經常保持低姿態。

「一族」的鄰居一定很喜歡打網球或高爾夫球等運動。你可以邀請他一起去運動。此外，如果發現對方在慢跑時，自己一定要主動打招呼說：「你好！很累吧！」也要積極參加城市內的集會。

可以送「二族」的鄰居一點東西。去旅行的話，不要忘記帶土產回來。而服裝方面要選擇條紋服裝。如果有愛車，要稱讚他「這部車子好棒啊！」他一定會很高興。此外，他對於力量強大者容易搖尾乞憐，但遇到萬一的時候，要展現你壓倒性的力量。

和「三族」的鄰居交往時，關鍵在於「孩子」。一定要稱讚對方的孩子「好可愛呀！」此外，如果你有孩子，也要教導他向鄰居打招呼問好。關於服裝方面，有花的圖案能夠產生好印象。將親手做的料理送給對方，對方也會很高興。絕對不能談論關於金錢的話題。

除了以上的內容之外，換氣扇或窗子不能產生惡臭，也是和鄰居相處的重點。

此外，不能讓「0族」聞到魚燒焦的味道、不能讓「一族」聞到大蒜味、不能讓「二族」聞到咖哩味。換氣扇的周圍要裝飾花，可以使用粉紅色或橘色系列的廚房用具。

如果是種在庭園或陽臺的花，基本上是紅色、黃色、白色。而如果附近有難以應付的鄰居，在他們家的方位可以使用以下的花。

●與附近鄰居相處，自身的打扮爲基本條件

不要太豪華或太樸素，清潔感很重要。不能忽略外觀。

●**住在北方位的鄰居** 橘色的花。

●**住在東方位的鄰居** 紅色與藍色的花。

●**住在南方位的鄰居** 觀葉植物。

●**住在西方位的鄰居** 多使用一些白色和黃色的花。陶器要選擇茶色系列的。

如果你想要和鄰居絕交，在他們家的方位擺個鏡子。相反的，你希望和鄰居建立好的關係的話，那麼在這一家方位的窗子綁上幸運色的帶子。

卷末附錄

本命星表

依出生年不同，有九個本命星。依本命星的不同，有不同的幸運物品、幸運色、吉方位。看表就可以知道自己的幸運星。例如一九六七年出生的人，是屬於未六白金星。但是，各年的節分之前出生的人（一月一日到二月三日，號的人為二月四日）則是前一年本命星。一九六九年二月一日出生的人，則是屬於一九六八年的本命星「申五黃土星」。

一白水星	二黑土星	三碧木星	四綠木星	五黃土星	六白金星	七赤金星	八白土星	九紫火星
1918 午	1917 巳	1916 辰	1915 卯	1914 寅	1913 丑	1912 子	1920 申	1919 未
1927 卯	1926 寅	1925 丑	1924 子	1923 亥	1922 戌	1921 酉	1929 巳	1928 辰
1936 子	1935 亥	1934 戌	1933 酉	1932 申	1931 未	1930 午	1938 寅	1937 丑
1945 酉	1944 申	1943 未	1942 午	1941 巳	1940 辰	1939 卯	1947 亥	1946 戌
1954 午	1953 巳	1952 辰	1951 卯	1950 寅	1949 丑	1948 子	1956 申	1955 未
1963 卯	1962 寅	1961 丑	1960 子	1959 亥	1958 戌	1957 酉	1965 巳	1964 辰
1972 子	1971 亥	1970 戌	1969 酉	1968 申	1967 未	1966 午	1974 寅	1973 丑
1981 酉	1980 申	1979 未	1978 午	1977 巳	1976 辰	1975 卯	1983 亥	1982 戌
1990 午	1989 巳	1988 辰	1987 卯	1986 寅	1985 丑	1984 子	1992 申	1991 未
1999 卯	1998 寅	1997 丑	1996 子	1995 亥	1994 戌	1993 酉	2001 巳	2000 辰

本命星別幸運物品

	1998 年	1999 年	2000 年	2001 年	2002 年
一白水星	皮帶	寢具	貴重金屬	錢包	拖鞋
二黑土星	鞋	貴重金屬	錢包	鑰匙包	貴重金屬
三碧木星	獎狀	廚房用品	五斗櫃	繪畫	燈籠形的檯燈
四綠木星	錢包	桌子	眼鏡	相簿	園藝物品
五黃土星	櫥櫃	個人電腦	寢具	陶器	以車子為主題的小物件
六白金星	書籍	五斗櫃	神符	個人電腦	花圖案的編織品
七赤金星	金庫	鞋	電視	古龍水	花
八白土星	古老美術品	檯燈	古龍水	五斗櫃	圓形的時鐘
九紫火星	家電製品	貴重金屬	書籍	神符	繪畫盤子

本命星別幸運色

	1998 年	1999 年	2000 年	2001 年	2002 年
一白水星	橘	黃	綠	黃	白
二黑土星	紫羅蘭色	米黃	黃	白	橘
三碧木星	白	粉紅	白	綠	酒紅
四綠木星	茶	黃	米黃	粉紅	茶
五黃土星	白	綠	灰	茶	紅
六白金星	米黃	黑	茶	紅	橘
七赤金星	黑	黃	藍	橘	紫羅蘭色
八白土星	黃	紅	橘	紫羅蘭色	米黃色
九紫火星	紅	奶油色	黃	綠	黃

方位別幸運色

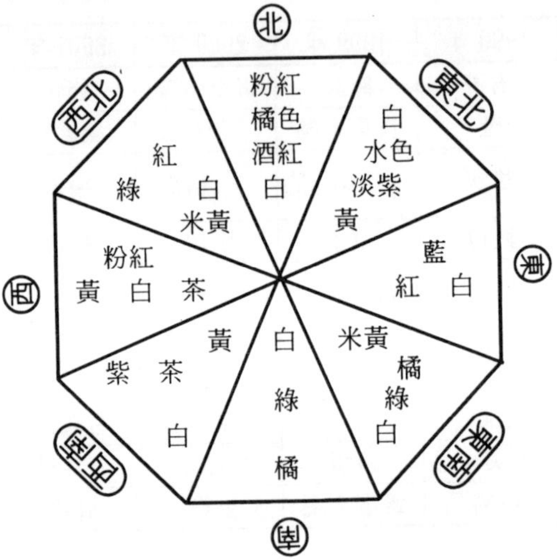

一定要積極地將運色、幸運物品擺在身邊

●二黑土星的吉方位　　●一白水星的吉方位

年號	方位	1月	2月	3月	4月	5月	6月	7月	8月	9月	10月	11月	12月	方位	1月	2月	3月	4月	5月	6月	7月	8月	9月	10月	11月	12月
一九九八年	北	◎	◎			○			○	◎	◎	◎		北	△	◎			◎				○	○	◎	
	東北	◎												東北	◎											
	東		◎	◎		◎		○	○			◎	◎	東		△	△	○			○	○			△	△
	東南		△		○	○	○		△					東南	△											
	南	◎	◎			○			◎	◎	◎	◎		南	◎	◎			◎	○			○	◎	◎	
	西南													西南												
	西		△			△		○	○			△	△	西		◎		○			○	◎	◎		◎	◎
	西北		△				○		○			△		西北	◎											
一九九九年	北													北												
	東北			△	○		○			△	△		△	東北				○	○				◎	◎		
	東		◎		○	○			◎			◎		東	○			○	○	△		△		○		
	東南	○												東南		○	○		○		△		△			○
	南													南												
	西南			○	○		○	◎		◎	◎		○	西南				◎	○		○		◎	◎		
	西													西	○											
	西北	△												西北		△	△				○		△		△	△
二〇〇〇年	北													北												
	東北	○		○	○		△			△	○		○	東北	○	○		◎		◎				○	○	
	東	○												東	○	◎	○		○	○	◎			◎	◎	○
	東南		○			○		◎	◎	◎				東南												
	南													南												
	西南			○	◎		◎	◎		○	○		○	西南				○		◎	◎			◎	○	
	西													西		○			○	○	△			△	○	○
	西北													西北												
二〇〇一年	北		○			△			△	○	○	○		北		◎			◎				○	○	◎	
	東北	○												東北	○											
	東		◎	◎		◎		○	○			◎	◎	東												
	東南		○		◎	◎	◎		○					東南			○		◎	◎		◎				○
	南		○			△			○	○	○	○		南		◎			◎	○			○	◎	◎	
	西南													西南												
	西		△			△		○	○			△	△	西												
	西北													西北												
二〇〇二年	北													北												
	東北			△	○		○			△	△		△	東北												
	東													東												
	東南	◎	◎	◎		○			○				◎	東南		◎	◎		◎		○		○			◎
	南													南		○	△			△	○	○			○	
	西南			△	△		△	○		○	○		△	西南												
	西													西												
	西北		◎	◎					○		○	◎	◎	西北		△	△				○		△		△	△

◎為大吉，○為中吉，△為平安無事，沒有記號為凶方位

●四綠木星的吉方位　●三碧木星的吉方位

年號	方位	1月	2月	3月	4月	5月	6月	7月	8月	9月	10月	11月	12月	方位	1月	2月	3月	4月	5月	6月	7月	8月	9月	10月	11月	12月
一九九八年	北	△	△					△	○	○	△	△		北	△	△					△	○	○	△	△	
	東北	△												東北	△											
	東													東		◎		○	○		◎				◎	
	東南		◎	◎	○	○	○						◎	東南	△											
	南	△	△				△	○	○	△	△	△		南	△	△					○	○	△	△	△	
	西南													西南												
	西													西		◎		○	◎		○		○		◎	
	西北		◎	○			○					◎	○	西北	◎											
一九九九年	北													北												
	東北													東北			◎		○	○			◎			◎
	東		△			○	△				△	△		東	○											
	東南	○	○	○					◎	◎			○	東南		○	○		◎		○		◎			○
	南													南												
	西南													西南			○		△	○	○		△			○
	西													西	○											
	西北	◎	○	△					○	△	○	○	△	西北		○	△				○		△	○	○	△
二〇〇〇年	北													北												
	東北		○	○	○						◎	○	○	東北												
	東		○	△			△	△	△			○	△	東			△		○		△	△		○		△
	東南					○	○	△	△	△				東南		○		△		○	△	△	△			
	南													南												
	西南			○	○			△			○	△	○	西南												
	西		△				○	△	○			△	△	西					○		△	○		△		△
	西北													西北												
二〇〇一年	北													北												
	東北	○												東北												
	東			△	△	△			○				△	東		○		△	△		○				○	
	東南		○	○	△	△	△						○	東南	△		○	△	△	△		○				○
	南													南												
	西南													西南												
	西				○	◎			○	○			◎	西		◎		○	◎		○		○		◎	
	西北													西北												
二〇〇二年	北													北												
	東北													東北			◎		○	○			◎			◎
	東	△												東	△											
	東南	△	△	△					○	○			△	東南	△	△	△		○		△		○			△
	南			△	○	○	△	△	△					南												
	西南													西南			◎		○	◎	◎		○			◎
	西	○												西	○											
	西北		○	△					○	△	○	○	△	西北		○	△				○		△	○	○	△

●六白金星的吉方位

年號	方位	1月	2月	3月	4月	5月	6月	7月	8月	9月	10月	11月	12月
一九九八年	北	◎	◎			○		◎	○	◎	◎	◎	
	東北	◎											
	東		◎	◎	◎	◎		○	○			◎	◎
	東南	◎	△	○	○	○	○		△				○
	南	◎	◎			○	◎	○	◎	◎	◎	◎	
	西南												
	西		△		○	△		○	○	○		△	△
	西北	△	△	○			○		○		△	△	○
一九九九年	北												
	東北			△	○	○	○			△	△		△
	東	◎	◎		○	○	◎		◎		◎	◎	
	東南	○	◎	◎		○		◎	○	◎			◎
	南												
	西南			○	○	◎	○	◎		◎	◎		○
	西	○											
	西北	△	◎	◎				○	○	◎	○	◎	◎
二〇〇〇年	北												
	東北	○	○	○	○		△			△	○	○	○
	東	○	○	◎		◎	◎	◎	◎		○	○	◎
	東南		○		◎	○	◎	◎	◎	◎			
	南												
	西南			○	◎		◎	◎		○	○	◎	○
	西		◎			○	○	◎	○		◎	◎	◎
	西北												
二〇〇一年	北		○			△		○	△	○	○	○	
	東北	○											
	東		◎	◎	◎	◎		○	○			◎	◎
	東南	◎	○	◎	◎	◎	◎		○				◎
	南		○			△	○	△	○	○	○	○	
	西南												
	西		△		○	△		○	○	○		△	△
	西北												
二〇〇二年	北												
	東北			◎	○	◎	◎			○			◎
	東												
	東南	◎											
	南		○	◎	◎	○	◎	◎				○	
	西南			△	△	○	○			○			△
	西												
	西北												

●五黃土星的吉方位

年號	方位	1月	2月	3月	4月	5月	6月	7月	8月	9月	10月	11月	12月
一九九八年	北	◎											
	東北												
	東		△	○	○			△	△			△	○
	東南	◎	◎	○	◎	◎							○
	南	◎											
	西南												
	西		△		○			○	○			△	△
	西北	△	△	○							△	△	○
一九九九年	北												
	東北			○	△	○	○			△			○
	東	○			○	○			○		◎		
	東南	◎	○					○	○	△			
	南												
	西南			○	○	◎	◎			◎			○
	西	○											
	西北	○	○					○	○	◎	◎	○	
二〇〇〇年	北												
	東北	△											
	東	○	○			○	◎	◎			○	○	
	東南				◎	◎	○	◎	◎				
	南												
	西南												
	西		◎			○	○	◎			◎	◎	
	西北												
二〇〇一年	北					△		○	○	△	○		
	東北												
	東												
	東南	◎	◎	○	◎	◎							○
	南					△	○	○	△	○	○		
	西南												
	西												
	西北												
二〇〇二年	北												
	東北			△	○	○	○			△	△		△
	東	◎											
	東南	◎	◎	◎		○		◎	○	◎			◎
	南		○	◎	○	◎	◎	◎	◎			○	
	西南			△	△	○	△	○		○	○		△
	西	○											
	西北		◎	◎				○	○	◎	○	◎	◎

◎為大吉，○為中吉，△為平安無事，沒有記號為凶方位

●八白土星的吉方位

年號	方位	1月	2月	3月	4月	5月	6月	7月	8月	9月	10月	11月	12月
一九九八年	北		◎			○		◎	○			◎	
	東北	◎											
	東		◎		◎	◎			○			◎	
	東南	◎	△	○		○			△				○
	南		◎			○	◎	○	◎			◎	
	西南												
	西		△		○	△			○	○		△	
	西北	△	△	○					○		△	△	○
一九九九年	北												
	東北			△	○		○			△	△		△
	東	◎											
	東南		◎			○		◎	○	◎			
	南												
	西南			○	○		○	◎		◎	◎		○
	西	○											
	西北		◎					○	○	◎		◎	
二〇〇〇年	北												
	東北	○		○	○		△			△	○		○
	東		○	◎		◎		◎	◎			○	◎
	東南												
	南												
	西南			○	◎		◎	◎		○	○		○
	西		◎			○		◎	○			◎	◎
	西北												
二〇〇一年	北		○			△		○	△			○	
	東北	○											
	東		◎		◎	◎			○			◎	
	東南		○	◎		◎			○				◎
	南		○			△	○	△	○			○	
	西南												
	西		△		○	△			○	○		△	
	西北												
二〇〇二年	北												
	東北			△	○		○			△	△		△
	東	◎											
	東南												
	南		○	◎	○	◎			◎			○	
	西南			△	△		△	○		○	○		△
	西	○											
	西北												

●七赤金星的吉方位

年號	方位	1月	2月	3月	4月	5月	6月	7月	8月	9月	10月	11月	12月
一九九八年	北												
	東北	◎											
	東		△	○		○		△				△	○
	東南	◎	◎	○	◎		◎		○				○
	南												
	西南												
	西		△			○		○		○		△	△
	西北	△	△	○			○		○		△	△	○
一九九九年	北												
	東北												
	東		◎		○		◎		○			◎	
	東南	◎		○		△		○	○	△			○
	南												
	西南												
	西												
	西北	○		◎				○	○	◎	◎		◎
二〇〇〇年	北												
	東北		○		○					○	△	○	
	東	○											
	東南		○		◎	◎	○	◎		◎			
	南												
	西南				○			◎		○	○	◎	
	西												
	西北												
二〇〇一年	北					△		○	○	△			
	東北	○											
	東		○	◎		◎		○				○	◎
	東南	◎											
	南					△	○	○	△	○			
	西南												
	西		○			◎		◎		◎		○	○
	西北												
二〇〇二年	北												
	東北			◎	○	◎					○		◎
	東												
	東南			◎		○		◎	◎	○			◎
	南		○	◎	◎	○	◎					○	
	西南			△	△	○		△			○		△
	西												
	西北			◎				○	○	◎	◎		◎

●九紫火星的吉方位

年號	方位	1月	2月	3月	4月	5月	6月	7月	8月	9月	10月	11月	12月
一九九八年	北	◎	△			○		○			○	△	
	東北												
	東												
	東南	◎	△		○		△		○				
	南	△	△			○	○	△			△	△	
	西南												
	西												
	西北	◎	◎				◎		○		◎	◎	
一九九九年	北												
	東北			○		◎	○			◎	◎		○
	東		○		◎	◎	◎				○	○	
	東南	○											
	南												
	西南			○		○	△			△	△		○
	西												
	西北	○											
二〇〇〇年	北												
	東北		◎	○			◎			○		◎	○
	東	◎	○	○			○	△	△		○	○	○
	東南		◎		◎	○		◎		○			
	南												
	西南			△			△	△		○		○	△
	西		○				◎	◎	○		◎	○	○
	西北												
二〇〇一年	北		○			◎		◎			◎	○	
	東北												
	東			○	△	△		○	○				○
	東南	◎											
	南		○			◎	◎	○			○	○	
	西南												
	西				○	△		○	△	△			○
	西北												
二〇〇二年	北												
	東北			△		○	△			○	○		△
	東	△											
	東南			△		○		○	△				△
	南		◎	◎	○			○	○			◎	
	西南			◎		◎	○			○	○		◎
	西	○											
	西北			◎				◎	◎		○		◎

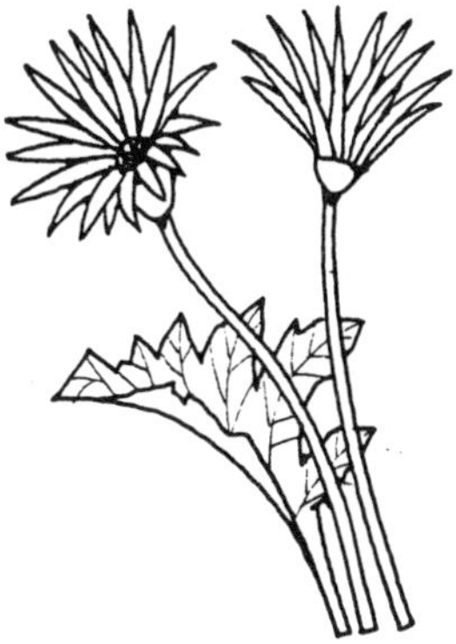

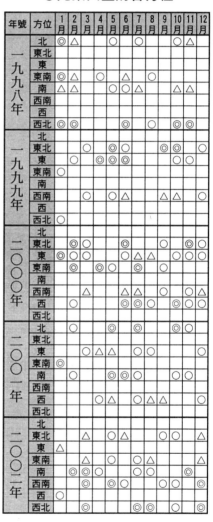

後記

什麼是「0三法則?」什麼是「0族」、「一族」、「二族」、「三族」，也許大家沒有聽慣這些字吧……。

雖然這麼想，但是會自然在腦海中擔心「我周圍的人際關係如何呢?」會一邊以「用四除餘數是多少呢?」的公式來計算年齡差，一邊看完本書吧!

公司的董事長、職員、課長等上司，對於客戶等可能會偷偷地將他命名為「一族先生」或者是「超級棒○○先生」等。或者是在上班、上學的途中遇到了女高中生或OL的話，會說「他是0族的!」或是「我認為教英文的○○老師是超級壞二族的!」、「○○是三族，所以可以稍微捧他一下」。也許大家會互相討論吧!

閱讀本書之後，就可以瞭解到Dr．小林能夠過著快樂人生的秘訣了。因為我能夠將適合性簡單地分類，而且按照「0三法則」與他人交往。只要實踐本書所敘述的各項目，仍然還是不行時，你就把他當成「對方沒有好運」，算了吧！

大家都希望擁有運氣好的朋友、孩子、伴侶，以及工作的同事。你一定會陸續遇到好運的人。藉著與他交往而提高自己的運。

我和經濟界出版社主編谷口暢人交往很久。對我來說他是「一族」，所以我會好好地與他交往。（對他而言我也是「一族」，所以他也會體貼我……）。

我和谷口研商後的本書主題就是「邂逅」。也許那時候他希望遇到很棒的戀人吧！所以執著於這個主題。看完我的稿子之後，最先嘗試「0三法則」的人就是他。結果和戀人、上司平澤專務以及布施田副社長、佐藤正忠社長都能好好地相處，出人頭地。總之，谷口啊！你要多努力哦！如果還不順利，一定是你的上司運氣不好。

Ｄｒ・小林祥晃

寫於倫敦

大展出版社有限公司　圖書目錄

地址：台北市北投區(石牌)　電話：(02)28236031
致遠一路二段12巷1號　28236033
郵撥：0166955～1　傳真：(02)28272069

・法律專欄連載・電腦編號58

台大法學院　法律學系／策劃
法律服務社／編著

1. 別讓您的權利睡著了①　200元
2. 別讓您的權利睡著了②　200元

・秘傳占卜系列・電腦編號14

1. 手相術　淺野八郎著　180元
2. 人相術　淺野八郎著　180元
3. 西洋占星術　淺野八郎著　180元
4. 中國神奇占卜　淺野八郎著　150元
5. 夢判斷　淺野八郎著　150元
6. 前世、來世占卜　淺野八郎著　150元
7. 法國式血型學　淺野八郎著　150元
8. 靈感、符咒學　淺野八郎著　150元
9. 紙牌占卜學　淺野八郎著　150元
10. ESP超能力占卜　淺野八郎著　150元
11. 猶太數的秘術　淺野八郎著　150元
12. 新心理測驗　淺野八郎著　160元
13. 塔羅牌預言秘法　淺野八郎著　200元

・趣味心理講座・電腦編號15

1. 性格測驗①　探索男與女　淺野八郎著　140元
2. 性格測驗②　透視人心奧秘　淺野八郎著　140元
3. 性格測驗③　發現陌生的自己　淺野八郎著　140元
4. 性格測驗④　發現你的真面目　淺野八郎著　140元
5. 性格測驗⑤　讓你們吃驚　淺野八郎著　140元
6. 性格測驗⑥　洞穿心理盲點　淺野八郎著　140元
7. 性格測驗⑦　探索對方心理　淺野八郎著　140元
8. 性格測驗⑧　由吃認識自己　淺野八郎著　160元
9. 性格測驗⑨　戀愛知多少　淺野八郎著　160元
10. 性格測驗⑩　由裝扮瞭解人心　淺野八郎著　160元

11.	性格測驗⑪ 敲開內心玄機	淺野八郎著	140元
12.	性格測驗⑫ 透視你的未來	淺野八郎著	160元
13.	血型與你的一生	淺野八郎著	160元
14.	趣味推理遊戲	淺野八郎著	160元
15.	行為語言解析	淺野八郎著	160元

·婦幼天地· 電腦編號 16

1.	八萬人減肥成果	黃靜香譯	180元
2.	三分鐘減肥體操	楊鴻儒譯	150元
3.	窈窕淑女美髮秘訣	柯素娥譯	130元
4.	使妳更迷人	成 玉譯	130元
5.	女性的更年期	官舒妍編譯	160元
6.	胎內育兒法	李玉瓊編譯	150元
7.	早產兒袋鼠式護理	唐岱蘭譯	200元
8.	初次懷孕與生產	婦幼天地編譯組	180元
9.	初次育兒 12 個月	婦幼天地編譯組	180元
10.	斷乳食與幼兒食	婦幼天地編譯組	180元
11.	培養幼兒能力與性向	婦幼天地編譯組	180元
12.	培養幼兒創造力的玩具與遊戲	婦幼天地編譯組	180元
13.	幼兒的症狀與疾病	婦幼天地編譯組	180元
14.	腿部苗條健美法	婦幼天地編譯組	180元
15.	女性腰痛別忽視	婦幼天地編譯組	150元
16.	舒展身心體操術	李玉瓊編譯	130元
17.	三分鐘臉部體操	趙薇妮著	160元
18.	生動的笑容表情術	趙薇妮著	160元
19.	心曠神怡減肥法	川津祐介著	130元
20.	內衣使妳更美麗	陳玄茹譯	130元
21.	瑜伽美姿美容	黃靜香編著	180元
22.	高雅女性裝扮學	陳珮玲譯	180元
23.	蠶糞肌膚美顏法	坂梨秀子著	160元
24.	認識妳的身體	李玉瓊譯	160元
25.	產後恢復苗條體態	居理安·芙萊喬著	200元
26.	正確護髮美容法	山崎伊久江著	180元
27.	安琪拉美姿養生學	安琪拉蘭斯博瑞著	180元
28.	女體性醫學剖析	增田豐著	220元
29.	懷孕與生產剖析	岡部綾子著	180元
30.	斷奶後的健康育兒	東城百合子著	220元
31.	引出孩子幹勁的責罵藝術	多湖輝著	170元
32.	培養孩子獨立的藝術	多湖輝著	170元
33.	子宮肌瘤與卵巢囊腫	陳秀琳編著	180元
34.	下半身減肥法	納他夏·史達賓著	180元
35.	女性自然美容法	吳雅菁編著	180元
36.	再也不發胖	池園悅太郎著	170元

37. 生男生女控制術	中垣勝裕著	220元
38. 使妳的肌膚更亮麗	楊　皓編著	170元
39. 臉部輪廓變美	芝崎義夫著	180元
40. 斑點、皺紋自己治療	高須克彌著	180元
41. 面皰自己治療	伊藤雄康著	180元
42. 隨心所欲瘦身冥想法	原久子著	180元
43. 胎兒革命	鈴木丈織著	180元
44. NS磁氣平衡法塑造窈窕奇蹟	古屋和江著	180元
45. 享瘦從腳開始	山田陽子著	180元
46. 小改變瘦4公斤	宮本裕子著	180元
47. 軟管減肥瘦身	高橋輝男著	180元
48. 海藻精神秘美容法	劉名揚編著	180元
49. 肌膚保養與脫毛	鈴木真理著	180元
50. 10天減肥3公斤	彤雲編輯組	180元
51. 穿出自己的品味	西村玲子著	280元

・青春天地・電腦編號17

1. A血型與星座	柯素娥編譯	160元
2. B血型與星座	柯素娥編譯	160元
3. O血型與星座	柯素娥編譯	160元
4. AB血型與星座	柯素娥編譯	120元
5. 青春期性教室	呂貴嵐編譯	130元
6. 事半功倍讀書法	王毅希編譯	150元
7. 難解數學破題	宋釗宜編譯	130元
9. 小論文寫作秘訣	林顯茂編譯	120元
11. 中學生野外遊戲	熊谷康編著	120元
12. 恐怖極短篇	柯素娥編譯	130元
13. 恐怖夜話	小毛驢編譯	130元
14. 恐怖幽默短篇	小毛驢編譯	120元
15. 黑色幽默短篇	小毛驢編譯	120元
16. 靈異怪談	小毛驢編譯	130元
17. 錯覺遊戲	小毛驢編著	130元
18. 整人遊戲	小毛驢編著	150元
19. 有趣的超常識	柯素娥編譯	130元
20. 哦！原來如此	林慶旺編譯	130元
21. 趣味競賽100種	劉名揚編譯	120元
22. 數學謎題入門	宋釗宜編譯	150元
23. 數學謎題解析	宋釗宜編譯	150元
24. 透視男女心理	林慶旺編譯	120元
25. 少女情懷的自白	李桂蘭編譯	120元
26. 由兄弟姊妹看命運	李玉瓊編譯	130元
27. 趣味的科學魔術	林慶旺編譯	150元
28. 趣味的心理實驗室	李燕玲編譯	150元

29. 愛與性心理測驗	小毛驢編譯	130 元
30. 刑案推理解謎	小毛驢編譯	180 元
31. 偵探常識推理	小毛驢編譯	180 元
32. 偵探常識解謎	小毛驢編譯	130 元
33. 偵探推理遊戲	小毛驢編譯	130 元
34. 趣味的超魔術	廖玉山編著	150 元
35. 趣味的珍奇發明	柯素娥編著	150 元
36. 登山用具與技巧	陳瑞菊編著	150 元
37. 性的漫談	蘇燕謀編著	180 元
38. 無的漫談	蘇燕謀編著	180 元
39. 黑色漫談	蘇燕謀編著	180 元
40. 白色漫談	蘇燕謀編著	180 元

・健康天地・電腦編號 18

1. 壓力的預防與治療	柯素娥編譯	130 元
2. 超科學氣的魔力	柯素娥編譯	130 元
3. 尿療法治病的神奇	中尾良一著	130 元
4. 鐵證如山的尿療法奇蹟	廖玉山譯	120 元
5. 一日斷食健康法	葉慈容編譯	150 元
6. 胃部強健法	陳炳崑譯	120 元
7. 癌症早期檢查法	廖松濤譯	160 元
8. 老人痴呆症防止法	柯素娥編譯	130 元
9. 松葉汁健康飲料	陳麗芬編譯	130 元
10. 揉肚臍健康法	永井秋夫著	150 元
11. 過勞死、猝死的預防	卓秀貞編譯	130 元
12. 高血壓治療與飲食	藤山順豐著	150 元
13. 老人看護指南	柯素娥編譯	150 元
14. 美容外科淺談	楊啟宏著	150 元
15. 美容外科新境界	楊啟宏著	150 元
16. 鹽是天然的醫生	西英司郎著	140 元
17. 年輕十歲不是夢	梁瑞麟譯	200 元
18. 茶料理治百病	桑野和民著	180 元
19. 綠茶治病寶典	桑野和民著	150 元
20. 杜仲茶養顏減肥法	西田博著	150 元
21. 蜂膠驚人療效	瀨長良三郎著	180 元
22. 蜂膠治百病	瀨長良三郎著	180 元
23. 醫藥與生活㈠	鄭炳全著	180 元
24. 鈣長生寶典	落合敏著	180 元
25. 大蒜長生寶典	木下繁太郎著	160 元
26. 居家自我健康檢查	石川恭三著	160 元
27. 永恆的健康人生	李秀鈴譯	200 元
28. 大豆卵磷脂長生寶典	劉雪卿譯	150 元
29. 芳香療法	梁艾琳譯	160 元

30. 醋長生寶典	柯素娥譯	180元
31. 從星座透視健康	席拉・吉蒂斯著	180元
32. 愉悅自在保健學	野本二士夫著	160元
33. 裸睡健康法	丸山淳士等著	160元
34. 糖尿病預防與治療	藤田順豐著	180元
35. 維他命長生寶典	菅原明子著	180元
36. 維他命C新效果	鐘文訓編	150元
37. 手、腳病理按摩	堤芳朗著	160元
38. AIDS瞭解與預防	彼得塔歇爾著	180元
39. 甲殼質殼聚糖健康法	沈永嘉譯	160元
40. 神經痛預防與治療	木下真男著	160元
41. 室內身體鍛鍊法	陳炳崑編著	160元
42. 吃出健康藥膳	劉大器編著	180元
43. 自我指壓術	蘇燕謀編著	160元
44. 紅蘿蔔汁斷食療法	李玉瓊編著	150元
45. 洗心術健康秘法	竺翠萍編譯	170元
46. 枇杷葉健康療法	柯素娥編譯	180元
47. 抗衰血癒	楊啟宏著	180元
48. 與癌搏鬥記	逸見政孝著	180元
49. 冬蟲夏草長生寶典	高橋義博著	170元
50. 痔瘡・大腸疾病先端療法	宮島伸宜著	180元
51. 膠布治癒頑固慢性病	加瀨建造著	180元
52. 芝麻神奇健康法	小林貞作著	170元
53. 香煙能防止癡呆？	高田明和著	180元
54. 穀菜食治癌療法	佐藤成志著	180元
55. 貼藥健康法	松原英多著	180元
56. 克服癌症調和道呼吸法	帶津良一著	180元
57. B型肝炎預防與治療	野村喜重郎著	180元
58. 青春永駐養生導引術	早島正雄著	180元
59. 改變呼吸法創造健康	原久子著	180元
60. 荷爾蒙平衡養生秘訣	出村博著	180元
61. 水美肌健康法	井戶勝富著	170元
62. 認識食物掌握健康	廖梅珠編著	170元
63. 痛風劇痛消除法	鈴木吉彥著	180元
64. 酸莖菌驚人療效	上田明彥著	180元
65. 大豆卵磷脂治現代病	神津健一著	200元
66. 時辰療法—危險時刻凌晨4時	呂建強等著	180元
67. 自然治癒力提升法	帶津良一著	180元
68. 巧妙的氣保健法	藤平墨子著	180元
69. 治癒C型肝炎	熊田博光著	180元
70. 肝臟病預防與治療	劉名揚編著	180元
71. 腰痛平衡療法	荒井政信著	180元
72. 根治多汗症、狐臭	稻葉益巳著	220元
73. 40歲以後的骨質疏鬆症	沈永嘉譯	180元

74. 認識中藥	松下一成著	180 元
75. 認識氣的科學	佐佐木茂美著	180 元
76. 我戰勝了癌症	安田伸著	180 元
77. 斑點是身心的危險信號	中野進著	180 元
78. 艾波拉病毒大震撼	玉川重德著	180 元
79. 重新還我黑髮	桑名隆一郎著	180 元
80. 身體節律與健康	林博史著	180 元
81. 生薑治萬病	石原結實著	180 元
82. 靈芝治百病	陳瑞東著	180 元
83. 木炭驚人的威力	大槻彰著	200 元
84. 認識活性氧	井土貴司著	180 元
85. 深海鮫治百病	廖玉山編著	180 元
86. 神奇的蜂王乳	井上丹治著	180 元
87. 卡拉 OK 健腦法	東潔著	180 元
88. 卡拉 OK 健康法	福田伴男著	180 元
89. 醫藥與生活(二)	鄭炳全著	200 元
90. 洋蔥治百病	宮尾興平著	180 元
91. 年輕 10 歲快步健康法	石塚忠雄著	180 元
92. 石榴的驚人神效	岡本順子著	180 元
93. 飲料健康法	白鳥早奈英著	180 元
94. 健康棒體操	劉名揚編譯	180 元
95. 催眠健康法	蕭京凌編著	180 元
96. 鬱金（美王）治百病	水野修一著	180 元

・實用女性學講座・電腦編號 19

1. 解讀女性內心世界	島田一男著	150 元
2. 塑造成熟的女性	島田一男著	150 元
3. 女性整體裝扮學	黃靜香編著	180 元
4. 女性應對禮儀	黃靜香編著	180 元
5. 女性婚前必修	小野十傳著	200 元
6. 徹底瞭解女人	田口二州著	180 元
7. 拆穿女性謊言 88 招	島田一男著	200 元
8. 解讀女人心	島田一男著	200 元
9. 俘獲女性絕招	志賀貢著	200 元
10. 愛情的壓力解套	中村理英子著	200 元
11. 妳是人見人愛的女孩	廖松濤編著	200 元

・校園系列・電腦編號 20

1. 讀書集中術	多湖輝著	150 元
2. 應考的訣竅	多湖輝著	150 元
3. 輕鬆讀書贏得聯考	多湖輝著	150 元

4. 讀書記憶秘訣 多湖輝著 150元
5. 視力恢復！超速讀術 江錦雲譯 180元
6. 讀書 36 計 黃柏松編著 180元
7. 驚人的速讀術 鐘文訓編著 170元
8. 學生課業輔導良方 多湖輝著 180元
9. 超速讀超記憶法 廖松濤編著 180元
10. 速算解題技巧 宋釗宜編著 200元
11. 看圖學英文 陳炳崑編著 200元
12. 讓孩子最喜歡數學 沈永嘉譯 180元
13. 催眠記憶術 林碧清譯 180元
14. 催眠速讀術 林碧清譯 180元

・實用心理學講座・電腦編號 21

1. 拆穿欺騙伎倆 多湖輝著 140元
2. 創造好構想 多湖輝著 140元
3. 面對面心理術 多湖輝著 160元
4. 偽裝心理術 多湖輝著 140元
5. 透視人性弱點 多湖輝著 140元
6. 自我表現術 多湖輝著 180元
7. 不可思議的人性心理 多湖輝著 180元
8. 催眠術入門 多湖輝著 150元
9. 責罵部屬的藝術 多湖輝著 150元
10. 精神力 多湖輝著 150元
11. 厚黑說服術 多湖輝著 150元
12. 集中力 多湖輝著 150元
13. 構想力 多湖輝著 150元
14. 深層心理術 多湖輝著 160元
15. 深層語言術 多湖輝著 160元
16. 深層說服術 多湖輝著 180元
17. 掌握潛在心理 多湖輝著 160元
18. 洞悉心理陷阱 多湖輝著 180元
19. 解讀金錢心理 多湖輝著 180元
20. 拆穿語言圈套 多湖輝著 180元
21. 語言的內心玄機 多湖輝著 180元
22. 積極力 多湖輝著 180元

・超現實心理講座・電腦編號 22

1. 超意識覺醒法 詹蔚芬編譯 130元
2. 護摩秘法與人生 劉名揚編譯 130元
3. 秘法！超級仙術入門 陸明譯 150元
4. 給地球人的訊息 柯素娥編著 150元

5. 密教的神通力 劉名揚編著 130元
6. 神秘奇妙的世界 平川陽一著 200元
7. 地球文明的超革命 吳秋嬌譯 200元
8. 力量石的秘密 吳秋嬌譯 180元
9. 超能力的靈異世界 馬小莉譯 200元
10. 逃離地球毀滅的命運 吳秋嬌譯 200元
11. 宇宙與地球終結之謎 南山宏著 200元
12. 驚世奇功揭秘 傅起鳳著 200元
13. 啟發身心潛力心象訓練法 栗田昌裕著 180元
14. 仙道術遁甲法 高藤聰一郎著 220元
15. 神通力的秘密 中岡俊哉著 180元
16. 仙人成仙術 高藤聰一郎著 200元
17. 仙道符咒氣功法 高藤聰一郎著 220元
18. 仙道風水術尋龍法 高藤聰一郎著 200元
19. 仙道奇蹟超幻像 高藤聰一郎著 200元
20. 仙道鍊金術房中法 高藤聰一郎著 200元
21. 奇蹟超醫療治癒難病 深野一幸著 220元
22. 揭開月球的神秘力量 超科學研究會 180元
23. 西藏密教奧義 高藤聰一郎著 250元
24. 改變你的夢術入門 高藤聰一郎著 250元
25. 21 世紀拯救地球超技術 深野一幸著 250元

·養生保健· 電腦編號23

1. 醫療養生氣功 黃孝寬著 250元
2. 中國氣功圖譜 余功保著 230元
3. 少林醫療氣功精粹 井玉蘭著 250元
4. 龍形實用氣功 吳大才等著 220元
5. 魚戲增視強身氣功 宮 嬰著 220元
6. 嚴新氣功 前新培金著 250元
7. 道家玄牝氣功 張 章著 200元
8. 仙家秘傳袪病功 李遠國著 160元
9. 少林十大健身功 秦慶豐著 180元
10. 中國自控氣功 張明武著 250元
11. 醫療防癌氣功 黃孝寬著 250元
12. 醫療強身氣功 黃孝寬著 250元
13. 醫療點穴氣功 黃孝寬著 250元
14. 中國八卦如意功 趙維漢著 180元
15. 正宗馬禮堂養氣功 馬禮堂著 420元
16. 秘傳道家筋經內丹功 王慶餘著 280元
17. 三元開慧功 辛桂林著 250元
18. 防癌治癌新氣功 郭 林著 180元
19. 禪定與佛家氣功修煉 劉天君著 200元
20. 顛倒之術 梅自強著 360元

21. 簡明氣功辭典	吳家駿編	360 元
22. 八卦三合功	張全亮著	230 元
23. 朱砂掌健身養生功	楊永著	250 元
24. 抗老功	陳九鶴著	230 元
25. 意氣按穴排濁自療法	黃啟運編著	250 元
26. 陳式太極拳養生功	陳正雷著	200 元
27. 健身祛病小功法	王培生著	200 元
28. 張式太極混元功	張春銘著	250 元

・社會人智囊・電腦編號 24

1. 糾紛談判術	清水增三著	160 元
2. 創造關鍵術	淺野八郎著	150 元
3. 觀人術	淺野八郎著	180 元
4. 應急詭辯術	廖英迪編著	160 元
5. 天才家學習術	木原武一著	160 元
6. 貓型狗式鑑人術	淺野八郎著	180 元
7. 逆轉運掌握術	淺野八郎著	180 元
8. 人際圓融術	澀谷昌三著	160 元
9. 解讀人心術	淺野八郎著	180 元
10. 與上司水乳交融術	秋元隆司著	180 元
11. 男女心態定律	小田晉著	180 元
12. 幽默說話術	林振輝編著	200 元
13. 人能信賴幾分	淺野八郎著	180 元
14. 我一定能成功	李玉瓊譯	180 元
15. 獻給青年的嘉言	陳蒼杰譯	180 元
16. 知人、知面、知其心	林振輝編著	180 元
17. 塑造堅強的個性	坂上肇著	180 元
18. 為自己而活	佐藤綾子著	180 元
19. 未來十年與愉快生活有約	船井幸雄著	180 元
20. 超級銷售話術	杜秀卿譯	180 元
21. 感性培育術	黃靜香編著	180 元
22. 公司新鮮人的禮儀規範	蔡媛惠譯	180 元
23. 傑出職員鍛鍊術	佐佐木正著	180 元
24. 面談獲勝戰略	李芳黛譯	180 元
25. 金玉良言撼人心	森純大著	180 元
26. 男女幽默趣典	劉華亭編著	180 元
27. 機智說話術	劉華亭編著	180 元
28. 心理諮商室	柯素娥譯	180 元
29. 如何在公司崢嶸頭角	佐佐木正著	180 元
30. 機智應對術	李玉瓊編著	200 元
31. 克服低潮良方	坂野雄二著	180 元
32. 智慧型說話技巧	沈永嘉編著	180 元
33. 記憶力、集中力增進術	廖松濤編著	180 元

34. 女職員培育術	林慶旺編著	180元
35. 自我介紹與社交禮儀	柯素娥編著	180元
36. 積極生活創幸福	田中真澄著	180元
37. 妙點子超構想	多湖輝著	180元
38. 說NO的技巧	廖玉山編著	180元
39. 一流說服力	李玉瓊編著	180元
40. 般若心經成功哲學	陳鴻蘭編著	180元
41. 訪問推銷術	黃靜香編著	180元
42. 男性成功秘訣	陳蒼杰編著	180元
43. 笑容、人際智商	宮川澄子著	180元
44. 多湖輝的構想工作室	多湖輝著	200元
45. 名人名語啟示錄	喬家楓著	180元
46. 口才必勝術	黃柏松編著	220元
47. 能言善道的說話術	章智冠編著	180元

・精選系列・電腦編號25

1. 毛澤東與鄧小平	渡邊利夫等著	280元
2. 中國大崩裂	江戶介雄著	180元
3. 台灣・亞洲奇蹟	上村幸治著	220元
4. 7-ELEVEN高盈收策略	國友隆一著	180元
5. 台灣獨立（新・中國日本戰爭一）	森詠著	200元
6. 迷失中國的末路	江戶雄介著	220元
7. 2000年5月全世界毀滅	紫藤甲子男著	180元
8. 失去鄧小平的中國	小島朋之著	220元
9. 世界史爭議性異人傳	桐生操著	200元
10. 淨化心靈享人生	松濤弘道著	220元
11. 人生心情診斷	賴藤和寬著	220元
12. 中美大決戰	檜山良昭著	220元
13. 黃昏帝國美國	莊雯琳譯	220元
14. 兩岸衝突（新・中國日本戰爭二）	森詠著	220元
15. 封鎖台灣（新・中國日本戰爭三）	森詠著	220元
16. 中國分裂（新・中國日本戰爭四）	森詠著	220元
17. 由女變男的我	虎井正衛著	200元
18. 佛學的安心立命	松濤弘道著	220元
19. 世界喪禮大觀	松濤弘道著	280元

・運動遊戲・電腦編號26

1. 雙人運動	李玉瓊譯	160元
2. 愉快的跳繩運動	廖玉山譯	180元
3. 運動會項目精選	王佑京譯	150元
4. 肋木運動	廖玉山譯	150元

5.	測力運動	王佑宗譯	150元
6.	游泳入門	唐桂萍編著	200元

・休閒娛樂・電腦編號 27

1.	海水魚飼養法	田中智浩著	300元
2.	金魚飼養法	曾雪玫譯	250元
3.	熱門海水魚	毛利匡明著	480元
4.	愛犬的教養與訓練	池田好雄著	250元
5.	狗教養與疾病	杉浦哲著	220元
6.	小動物養育技巧	三上昇著	300元
7.	水草選擇、培育、消遣	安齊裕司著	300元
20.	園藝植物管理	船越亮二著	220元
40.	撲克牌遊戲與贏牌秘訣	林振輝編著	180元
41.	撲克牌魔術、算命、遊戲	林振輝編著	180元
42.	撲克占卜入門	王家成編著	180元
50.	兩性幽默	幽默選集編輯組	180元
51.	異色幽默	幽默選集編輯組	180元

・銀髮族智慧學・電腦編號 28

1.	銀髮六十樂逍遙	多湖輝著	170元
2.	人生六十反年輕	多湖輝著	170元
3.	六十歲的決斷	多湖輝著	170元
4.	銀髮族健身指南	孫瑞台編著	250元
5.	退休後的夫妻健康生活	施聖茹譯	200元

・飲食保健・電腦編號 29

1.	自己製作健康茶	大海淳著	220元
2.	好吃、具藥效茶料理	德永睦子著	220元
3.	改善慢性病健康藥草茶	吳秋嬌譯	200元
4.	藥酒與健康果菜汁	成玉編著	250元
5.	家庭保健養生湯	馬汴梁編著	220元
6.	降低膽固醇的飲食	早川和志著	200元
7.	女性癌症的飲食	女子營養大學	280元
8.	痛風者的飲食	女子營養大學	280元
9.	貧血者的飲食	女子營養大學	280元
10.	高脂血症者的飲食	女子營養大學	280元
11.	男性癌症的飲食	女子營養大學	280元
12.	過敏者的飲食	女子營養大學	280元
13.	心臟病的飲食	女子營養大學	280元
14.	滋陰壯陽的飲食	王增著	220元

15.	胃、十二指腸潰瘍的飲食	勝健一等著	280 元
16.	肥胖者的飲食	雨宮禎子等著	280 元

・家庭醫學保健・電腦編號 30

1.	女性醫學大全	雨森良彥著	380 元
2.	初為人父育兒寶典	小瀧周曹著	220 元
3.	性活力強健法	相建華著	220 元
4.	30 歲以上的懷孕與生產	李芳黛編著	220 元
5.	舒適的女性更年期	野末悅子著	200 元
6.	夫妻前戲的技巧	笠井寬司著	200 元
7.	病理足穴按摩	金慧明著	220 元
8.	爸爸的更年期	河野孝旺著	200 元
9.	橡皮帶健康法	山田晶著	180 元
10.	三十三天健美減肥	相建華等著	180 元
11.	男性健美入門	孫玉祿編著	180 元
12.	強化肝臟秘訣	主婦の友社編	200 元
13.	了解藥物副作用	張果馨譯	200 元
14.	女性醫學小百科	松山榮吉著	200 元
15.	左轉健康法	龜田修等著	200 元
16.	實用天然藥物	鄭炳全編著	260 元
17.	神秘無痛平衡療法	林宗駛著	180 元
18.	膝蓋健康法	張果馨譯	180 元
19.	針灸治百病	葛書翰著	250 元
20.	異位性皮膚炎治癒法	吳秋嬌譯	220 元
21.	禿髮白髮預防與治療	陳炳崑編著	180 元
22.	埃及皇宮菜健康法	飯森薰著	200 元
23.	肝臟病安心治療	上野幸久著	220 元
24.	耳穴治百病	陳抗美等著	250 元
25.	高效果指壓法	五十嵐康彥著	200 元
26.	瘦水、胖水	鈴木園子著	200 元
27.	手針新療法	朱振華著	200 元
28.	香港腳預防與治療	劉小惠譯	250 元
29.	智慧飲食吃出健康	柯富陽編著	200 元
30.	牙齒保健法	廖玉山編著	200 元
31.	恢復元氣養生食	張果馨譯	200 元
32.	特效推拿按摩術	李玉田著	200 元
33.	一週一次健康法	若狹真著	200 元
34.	家常科學膳食	大塚滋著	220 元
35.	夫妻們關心的男性不孕	原利夫著	220 元
36.	自我瘦身美容	馬野詠子著	200 元
37.	魔法姿勢益健康	五十嵐康彥著	200 元
38.	眼病錘療法	馬栩周著	200 元
39.	預防骨質疏鬆症	藤田拓男著	200 元

40. 骨質增生效驗方	李吉茂編著	250元
41. 蕺菜健康法	小林正夫著	200元
42. 赧於啟齒的男性煩惱	增田豐著	220元
43. 簡易自我健康檢查	稻葉允著	250元
44. 實用花草健康法	友田純子著	200元
45. 神奇的手掌療法	日比野喬著	230元
46. 家庭式三大穴道療法	刑部忠和著	200元
47. 子宮癌、卵巢癌	岡島弘幸著	220元
48. 糖尿病機能性食品	劉雪卿編著	220元
49. 奇蹟活現經脈美容法	林振輝編譯	200元
50. Super SEX	秋好憲一著	220元
51. 了解避孕丸	林玉佩譯	200元
52. 有趣的遺傳學	蕭京凌編著	200元
53. 強身健腦手指運動	羅群等著	250元

・超經營新智慧・電腦編號 31

1. 躍動的國家越南	林雅倩譯	250元
2. 甦醒的小龍菲律賓	林雅倩譯	220元
3. 中國的危機與商機	中江要介著	250元
4. 在印度的成功智慧	山內利男著	220元
5. 7-ELEVEN 大革命	村上豐道著	200元
6. 業務員成功秘方	呂育清編著	200元
7. 在亞洲成功的智慧	鈴木讓二著	220元

・親子系列・電腦編號 32

1. 如何使孩子出人頭地	多湖輝著	200元
2. 心靈啟蒙教育	多湖輝著	280元

・雅致系列・電腦編號 33

1. 健康食譜春冬篇	丸元淑生著	200元
2. 健康食譜夏秋篇	丸元淑生著	200元
3. 純正家庭料理	陳建民等著	200元
4. 家庭四川菜	陳建民著	200元
5. 醫食同源健康美食	郭長聚著	200元
6. 家族健康食譜	東畑朝子著	200元

・美術系列・電腦編號 34

1. 可愛插畫集	鉛筆等著	220元
2. 人物插畫集	鉛筆等著	元

·心 靈 雅 集· 電腦編號 00

1.	禪言佛語看人生	松濤弘道著	180 元
2.	禪密教的奧秘	葉逯謙譯	120 元
3.	觀音大法力	田口日勝著	120 元
4.	觀音法力的大功德	田口日勝著	120 元
5.	達摩禪 106 智慧	劉華亭編譯	220 元
6.	有趣的佛教研究	葉逯謙編譯	170 元
7.	夢的開運法	蕭京凌譯	130 元
8.	禪學智慧	柯素娥編譯	130 元
9.	女性佛教入門	許俐萍譯	110 元
10.	佛像小百科	心靈雅集編譯組	130 元
11.	佛教小百科趣談	心靈雅集編譯組	120 元
12.	佛教小百科漫談	心靈雅集編譯組	150 元
13.	佛教知識小百科	心靈雅集編譯組	150 元
14.	佛學名言智慧	松濤弘道著	220 元
15.	釋迦名言智慧	松濤弘道著	220 元
16.	活人禪	平田精耕著	120 元
17.	坐禪入門	柯素娥編譯	150 元
18.	現代禪悟	柯素娥編譯	130 元
19.	道元禪師語錄	心靈雅集編譯組	130 元
20.	佛學經典指南	心靈雅集編譯組	130 元
21.	何謂「生」阿含經	心靈雅集編譯組	150 元
22.	一切皆空　般若心經	心靈雅集編譯組	180 元
23.	超越迷惘　法句經	心靈雅集編譯組	130 元
24.	開拓宇宙觀　華嚴經	心靈雅集編譯組	180 元
25.	真實之道　法華經	心靈雅集編譯組	130 元
26.	自由自在　涅槃經	心靈雅集編譯組	130 元
27.	沈默的教示　維摩經	心靈雅集編譯組	150 元
28.	開通心眼　佛語佛戒	心靈雅集編譯組	130 元
29.	揭秘寶庫　密教經典	心靈雅集編譯組	180 元
30.	坐禪與養生	廖松濤譯	110 元
31.	釋尊十戒	柯素娥編譯	120 元
32.	佛法與神通	劉欣如編著	120 元
33.	悟（正法眼藏的世界）	柯素娥編譯	120 元
34.	只管打坐	劉欣如編著	120 元
35.	喬答摩・佛陀傳	劉欣如編著	120 元
36.	唐玄奘留學記	劉欣如編著	120 元
37.	佛教的人生觀	劉欣如編譯	110 元
38.	無門關(上卷)	心靈雅集編譯組	150 元
39.	無門關(下卷)	心靈雅集編譯組	150 元
40.	業的思想	劉欣如編著	130 元
41.	佛法難學嗎	劉欣如著	140 元

42. 佛法實用嗎	劉欣如著	140 元
43. 佛法殊勝嗎	劉欣如著	140 元
44. 因果報應法則	李常傳編	180 元
45. 佛教醫學的奧秘	劉欣如編著	150 元
46. 紅塵絕唱	海　若著	130 元
47. 佛教生活風情	洪丕謨、姜玉珍著	220 元
48. 行住坐臥有佛法	劉欣如著	160 元
49. 起心動念是佛法	劉欣如著	160 元
50. 四字禪語	曹洞宗青年會	200 元
51. 妙法蓮華經	劉欣如編著	160 元
52. 根本佛教與大乘佛教	葉作森編	180 元
53. 大乘佛經	定方晟著	180 元
54. 須彌山與極樂世界	定方晟著	180 元
55. 阿闍世的悟道	定方晟著	180 元
56. 金剛經的生活智慧	劉欣如著	180 元
57. 佛教與儒教	劉欣如編譯	180 元
58. 佛教史入門	劉欣如編譯	180 元
59. 印度佛教思想史	劉欣如編譯	200 元
60. 佛教與女姓	劉欣如編譯	180 元
61. 禪與人生	洪丕謨主編	260 元

・經 營 管 理・電腦編號 01

◎ 創新經營管理六十六大計(精)	蔡弘文編	780 元
1. 如何獲取生意情報	蘇燕謀譯	110 元
2. 經濟常識問答	蘇燕謀譯	130 元
4. 台灣商戰風雲錄	陳中雄著	120 元
5. 推銷大王秘錄	原一平著	180 元
6. 新創意・賺大錢	王家成譯	90 元
7. 工廠管理新手法	琪　輝著	120 元
10. 美國實業 24 小時	柯順隆譯	80 元
11. 撼動人心的推銷法	原一平著	150 元
12. 高竿經營法	蔡弘文編	120 元
13. 如何掌握顧客	柯順隆譯	150 元
17. 一流的管理	蔡弘文編	150 元
18. 外國人看中韓經濟	劉華亭譯	150 元
20. 突破商場人際學	林振輝編著	90 元
22. 如何使女人打開錢包	林振輝編著	100 元
24. 小公司經營策略	王嘉誠著	160 元
25. 成功的會議技巧	鐘文訓編譯	100 元
26. 新時代老闆學	黃柏松編著	100 元
27. 如何創造商場智囊團	林振輝編譯	150 元
28. 十分鐘推銷術	林振輝編譯	180 元
29. 五分鐘育才	黃柏松編譯	100 元

33. 自我經濟學	廖松濤編譯	100 元
34. 一流的經營	陶田生編著	120 元
35. 女性職員管理術	王昭國編譯	120 元
36. ＩＢＭ的人事管理	鐘文訓編譯	150 元
37. 現代電腦常識	王昭國編譯	150 元
38. 電腦管理的危機	鐘文訓編譯	120 元
39. 如何發揮廣告效果	王昭國編譯	150 元
40. 最新管理技巧	王昭國編譯	150 元
41. 一流推銷術	廖松濤編譯	150 元
42. 包裝與促銷技巧	王昭國編譯	130 元
43. 企業王國指揮塔	松下幸之助著	120 元
44. 企業精銳兵團	松下幸之助著	120 元
45. 企業人事管理	松下幸之助著	100 元
46. 華僑經商致富術	廖松濤編譯	130 元
47. 豐田式銷售技巧	廖松濤編譯	180 元
48. 如何掌握銷售技巧	王昭國編著	130 元
50. 洞燭機先的經營	鐘文訓編譯	150 元
52. 新世紀的服務業	鐘文訓編譯	100 元
53. 成功的領導者	廖松濤編譯	120 元
54. 女推銷員成功術	李玉瓊編譯	130 元
55. ＩＢＭ人才培育術	鐘文訓編譯	100 元
56. 企業人自我突破法	黃琪輝編著	150 元
58. 財富開發術	蔡弘文編著	130 元
59. 成功的店舖設計	鐘文訓編著	150 元
61. 企管回春法	蔡弘文編著	130 元
62. 小企業經營指南	鐘文訓編譯	100 元
63. 商場致勝名言	鐘文訓編譯	150 元
64. 迎接商業新時代	廖松濤編譯	100 元
66. 新手股票投資入門	何朝乾編著	200 元
67. 上揚股與下跌股	何朝乾編譯	180 元
68. 股票速成學	何朝乾編譯	200 元
69. 理財與股票投資策略	黃俊豪編著	180 元
70. 黃金投資策略	黃俊豪編著	180 元
71. 厚黑管理學	廖松濤編譯	180 元
72. 股市致勝格言	呂梅莎編譯	180 元
73. 透視西武集團	林谷燁編譯	150 元
76. 巡迴行銷術	陳蒼杰譯	150 元
77. 推銷的魔術	王嘉誠譯	120 元
78. 60 秒指導部屬	周蓮芬編譯	150 元
79. 精銳女推銷員特訓	李玉瓊編譯	130 元
80. 企劃、提案、報告圖表的技巧	鄭汶譯	180 元
81. 海外不動產投資	許達守編譯	150 元
82. 八百伴的世界策略	李玉瓊譯	150 元
83. 服務業品質管理	吳宜芬譯	180 元

84. 零庫存銷售	黃東謙編譯	150 元
85. 三分鐘推銷管理	劉名揚編譯	150 元
86. 推銷大王奮鬥史	原一平著	150 元
87. 豐田汽車的生產管理	林谷燁編譯	150 元

・成 功 寶 庫・電腦編號 02

1. 上班族交際術	江森滋著	100 元
2. 拍馬屁訣竅	廖玉山編譯	110 元
4. 聽話的藝術	歐陽輝編譯	110 元
9. 求職轉業成功術	陳義編著	110 元
10. 上班族禮儀	廖玉山編著	120 元
11. 接近心理學	李玉瓊編著	100 元
12. 創造自信的新人生	廖松濤編著	120 元
15. 神奇瞬間瞑想法	廖松濤編譯	100 元
16. 人生成功之鑰	楊意苓編著	150 元
19. 給企業人的諍言	鐘文訓編著	120 元
20. 企業家自律訓練法	陳義編譯	100 元
21. 上班族妖怪學	廖松濤編著	100 元
22. 猶太人縱橫世界的奇蹟	孟佑政編著	110 元
25. 你是上班族中強者	嚴思圖編著	100 元
30. 成功頓悟 100 則	蕭京凌編譯	130 元
32. 知性幽默	李玉瓊編譯	130 元
33. 熟記對方絕招	黃靜香編譯	100 元
37. 察言觀色的技巧	劉華亭編著	180 元
38. 一流領導力	施義彥編譯	120 元
40. 30 秒鐘推銷術	廖松濤編譯	150 元
42. 尖端時代行銷策略	陳蒼杰編著	100 元
43. 顧客管理學	廖松濤編著	100 元
44. 如何使對方說 Yes	程羲編著	150 元
47. 上班族口才學	楊鴻儒譯	120 元
48. 上班族新鮮人須知	程羲編著	120 元
49. 如何左右逢源	程羲編著	130 元
50. 語言的心理戰	多湖輝著	130 元
55. 性惡企業管理學	陳蒼杰譯	130 元
56. 自我啟發 200 招	楊鴻儒編著	150 元
57. 做個傑出女職員	劉名揚編著	130 元
58. 靈活的集團營運術	楊鴻儒編著	120 元
60. 個案研究活用法	楊鴻儒編著	130 元
61. 企業教育訓練遊戲	楊鴻儒編著	120 元
62. 管理者的智慧	程義編譯	130 元
63. 做個佼佼管理者	馬筱莉編譯	130 元
67. 活用禪學於企業	柯素娥編譯	130 元
69. 幽默詭辯術	廖玉山編譯	150 元

70. 拿破崙智慧箴言	柯素娥編譯	130元
71. 自我培育・超越	蕭京凌編譯	150元
74. 時間即一切	沈永嘉編譯	130元
75. 自我脫胎換骨	柯素娥譯	150元
76. 贏在起跑點　人才培育鐵則	楊鴻儒編譯	150元
77. 做一枚活棋	李玉瓊編譯	130元
78. 面試成功戰略	柯素娥編譯	130元
81. 瞬間攻破心防法	廖玉山編譯	120元
82. 改變一生的名言	李玉瓊編譯	130元
83. 性格性向創前程	楊鴻儒編譯	130元
84. 訪問行銷新竅門	廖玉山編譯	150元
85. 無所不達的推銷話術	李玉瓊編譯	150元

・處　世　智　慧・電腦編號 03

1. 如何改變你自己	陸明編譯	120元
6. 靈感成功術	譚繼山編譯	80元
8. 扭轉一生的五分鐘	黃柏松編譯	100元
10. 現代人的詭計	林振輝譯	100元
14. 女性的智慧	譚繼山編譯	90元
16. 人生的體驗	陸明編譯	80元
18. 幽默吹牛術	金子登著	90元
24. 慧心良言	亦奇著	80元
25. 名家慧語	蔡逸鴻主編	90元
28. 如何發揮你的潛能	陸明編譯	90元
29. 女人身態語言學	李常傳譯	130元
30. 摸透女人心	張文志譯	90元
32. 給女人的悄悄話	妮倩編譯	90元
36. 成功的捷徑	鐘文訓譯	70元
37. 幽默逗笑術	林振輝著	120元
38. 活用血型讀書法	陳炳崑譯	80元
39. 心　燈	葉于模著	100元
41. 心・體・命運	蘇燕謀譯	70元
43. 宮本武藏五輪書金言錄	宮本武藏著	100元
47. 成熟的愛	林振輝譯	120元
48. 現代女性駕馭術	蔡德華著	90元
49. 禁忌遊戲	酒井潔著	90元
53. 如何達成願望	謝世輝著	90元
54. 創造奇蹟的「想念法」	謝世輝著	90元
55. 創造成功奇蹟	謝世輝著	90元
57. 幻想與成功	廖松濤譯	80元
58. 反派角色的啟示	廖松濤編譯	70元
59. 現代女性須知	劉華亭編著	75元
62. 如何突破內向	姜倩怡編譯	110元

64. 讀心術入門	王家成編譯	100 元
65. 如何解除內心壓力	林美羽編著	110 元
66. 取信於人的技巧	多湖輝著	110 元
68. 自我能力的開拓	卓一凡編著	110 元
70. 縱橫交涉術	嚴思圖編著	90 元
71. 如何培養妳的魅力	劉文珊編著	90 元
75. 個性膽怯者的成功術	廖松濤編譯	100 元
76. 人性的光輝	文可式編著	90 元
79. 培養靈敏頭腦秘訣	廖玉山編著	90 元
80. 夜晚心理術	鄭秀美編譯	80 元
81. 如何做個成熟的女性	李玉瓊編著	80 元
82. 現代女性成功術	劉文珊編著	90 元
83. 成功說話技巧	梁惠珠編譯	100 元
84. 人生的真諦	鐘文訓編譯	100 元
87. 指尖・頭腦體操	蕭京凌編譯	90 元
88. 電話應對禮儀	蕭京凌編著	120 元
89. 自我表現的威力	廖松濤編譯	100 元
91. 男與女的哲思	程鐘梅編譯	110 元
92. 靈思慧語	牧風著	110 元
93. 心靈夜語	牧風著	100 元
94. 激盪腦力訓練	廖松濤編譯	100 元
95. 三分鐘頭腦活性法	廖玉山編譯	110 元
96. 星期一的智慧	廖玉山編譯	100 元
97. 溝通說服術	賴文琇編譯	100 元

・健康與美容・電腦編號 04

3. 媚酒傳(中國王朝秘酒)	陸明主編	120 元
5. 中國回春健康術	蔡一藩著	100 元
6. 奇蹟的斷食療法	蘇燕謀譯	130 元
8. 健美食物法	陳炳崑譯	120 元
9. 驚異的漢方療法	唐龍編著	90 元
10. 不老強精食	唐龍編著	100 元
12. 五分鐘跳繩健身法	蘇明達譯	100 元
13. 睡眠健康法	王家成譯	80 元
14. 你就是名醫	張芳明譯	90 元
19. 釋迦長壽健康法	譚繼山譯	90 元
20. 腳部按摩健康法	譚繼山譯	120 元
21. 自律健康法	蘇明達譯	90 元
23. 身心保健座右銘	張仁福著	160 元
24. 腦中風家庭看護與運動治療	林振輝譯	100 元
25. 秘傳醫學人相術	成玉主編	120 元
26. 導引術入門(1)治療慢性病	成玉主編	110 元
27. 導引術入門(2)健康・美容	成玉主編	110 元

28.導引術入門(3)身心健康法	成玉主編	110元
29.妙用靈藥·蘆薈	李常傳譯	150元
30.萬病回春百科	吳通華著	150元
31.初次懷孕的10個月	成玉編譯	130元
32.中國秘傳氣功治百病	陳炳崑編譯	130元
35.仙人長生不老學	陸明編譯	100元
36.釋迦秘傳米粒刺激法	鐘文訓譯	120元
37.痔·治療與預防	陸明編譯	130元
38.自我防身絕技	陳炳崑編譯	120元
39.運動不足時疲勞消除法	廖松濤譯	110元
40.三溫暖健康法	鐘文訓編譯	90元
43.維他命與健康	鐘文訓譯	150元
45.森林浴—綠的健康法	劉華亭編譯	80元
47.導引術入門(4)酒浴健康法	成玉主編	90元
48.導引術入門(5)不老回春法	成玉主編	90元
49.山白竹(劍竹)健康法	鐘文訓譯	90元
50.解救你的心臟	鐘文訓編譯	100元
52.超人氣功法	陸明編譯	110元
54.借力的奇蹟(1)	力拔山著	100元
55.借力的奇蹟(2)	力拔山著	100元
56.五分鐘小睡健康法	呂添發撰	120元
59.艾草健康法	張汝明編譯	90元
60.一分鐘健康診斷	蕭京凌編譯	90元
61.念術入門	黃靜香編譯	90元
62.念術健康法	黃靜香編譯	90元
63.健身回春法	梁惠珠編譯	100元
64.姿勢養生法	黃秀娟編譯	90元
65.仙人瞑想法	鐘文訓譯	120元
66.人蔘的神效	林慶旺譯	100元
67.奇穴治百病	吳通華著	120元
68.中國傳統健康法	靳海東著	100元
71.酵素健康法	楊皓編譯	120元
73.腰痛預防與治療	五味雅吉著	130元
74.如何預防心臟病·腦中風	譚定長等著	100元
75.少女的生理秘密	蕭京凌譯	120元
76.頭部按摩與針灸	楊鴻儒譯	100元
77.雙極療術入門	林聖道著	100元
78.氣功自療法	梁景蓮著	120元
79.大蒜健康法	李玉瓊編譯	120元
81.健胸美容秘訣	黃靜香譯	120元
82.鍺奇蹟療效	林宏儒譯	120元
83.三分鐘健身運動	廖玉山譯	120元
84.尿療法的奇蹟	廖玉山譯	120元
85.神奇的聚積療法	廖玉山譯	120元

86. 預防運動傷害伸展體操	楊鴻儒編譯	120 元
88. 五日就能改變你	柯素娥譯	110 元
89. 三分鐘氣功健康法	陳美華譯	120 元
91. 道家氣功術	早島正雄著	130 元
92. 氣功減肥術	早島正雄著	120 元
93. 超能力氣功法	柯素娥譯	130 元
94. 氣的瞑想法	早島正雄著	120 元

・家　庭／生　活・電腦編號 05

1. 單身女郎生活經驗談	廖玉山編著	100 元
2. 血型・人際關係	黃靜編著	120 元
3. 血型・妻子	黃靜編著	110 元
4. 血型・丈夫	廖玉山編譯	130 元
5. 血型・升學考試	沈永嘉編譯	120 元
6. 血型・臉型・愛情	鐘文訓編譯	120 元
7. 現代社交須知	廖松濤編譯	100 元
8. 簡易家庭按摩	鐘文訓編譯	150 元
9. 圖解家庭看護	廖玉山編譯	120 元
10. 生男育女隨心所欲	岡正基編著	160 元
11. 家庭急救治療法	鐘文訓編著	100 元
12. 新孕婦體操	林曉鐘譯	120 元
13. 從食物改變個性	廖玉山編譯	100 元
14. 藥草的自然療法	東城百合子著	200 元
15. 糙米菜食與健康料理	東城百合子著	180 元
16. 現代人的婚姻危機	黃靜編著	90 元
17. 親子遊戲　0 歲	林慶旺編譯	100 元
18. 親子遊戲　1～2 歲	林慶旺編譯	110 元
19. 親子遊戲　3 歲	林慶旺編譯	100 元
20. 女性醫學新知	林曉鐘編譯	180 元
21. 媽媽與嬰兒	張汝明編譯	180 元
22. 生活智慧百科	黃靜編譯	100 元
23. 手相・健康・你	林曉鐘編譯	120 元
24. 菜食與健康	張汝明編譯	110 元
25. 家庭素食料理	陳東達著	140 元
26. 性能力活用秘法	米開・尼里著	150 元
27. 兩性之間	林慶旺編譯	120 元
28. 性感經穴健康法	蕭京凌編譯	150 元
29. 幼兒推拿健康法	蕭京凌編譯	100 元
30. 談中國料理	丁秀山編著	100 元
31. 舌技入門	增田豐著	160 元
32. 預防癌症的飲食法	黃靜香編譯	150 元
33. 性與健康寶典	黃靜香編譯	180 元
34. 正確避孕法	蕭京凌編譯	180 元

35. 吃的更漂亮美容食譜	楊萬里著	120 元
36. 圖解交際舞速成	鐘文訓編譯	150 元
37. 觀相導引術	沈永嘉譯	130 元
38. 初為人母 12 個月	陳義譯	200 元
39. 圖解麻將入門	顧安行編譯	180 元
40. 麻將必勝秘訣	石利夫編譯	180 元
41. 女性一生與漢方	蕭京凌編譯	100 元
42. 家電的使用與修護	鐘文訓編譯	160 元
43. 錯誤的家庭醫療法	鐘文訓編譯	100 元
44. 簡易防身術	陳慧珍編譯	150 元
45. 茶健康法	鐘文訓編譯	130 元
46. 雞尾酒大全	劉雪卿譯	180 元
47. 生活的藝術	沈永嘉編著	120 元
48. 雜草雜果健康法	沈永嘉編著	120 元
49. 如何選擇理想妻子	荒谷慈著	110 元
50. 如何選擇理想丈夫	荒谷慈著	110 元
51. 中國食與性的智慧	根本光人著	150 元
52. 開運法話	陳宏男譯	100 元
53. 禪語經典＜上＞	平田精耕著	150 元
54. 禪語經典＜下＞	平田精耕著	150 元
55. 手掌按摩健康法	鐘文訓譯	180 元
56. 腳底按摩健康法	鐘文訓譯	180 元
57. 仙道運氣健身法	李玉瓊譯	150 元
58. 健心、健體呼吸法	蕭京凌譯	120 元
59. 自彊術入門	蕭京凌譯	120 元
60. 指技入門	增田豐著	160 元
61. 下半身鍛鍊法	增田豐著	180 元
62. 表象式學舞法	黃靜香編譯	180 元
63. 圖解家庭瑜伽	鐘文訓譯	130 元
64. 食物治療寶典	黃靜香編譯	130 元
65. 智障兒保育入門	楊鴻儒譯	130 元
66. 自閉兒童指導入門	楊鴻儒譯	180 元
67. 乳癌發現與治療	黃靜香譯	130 元
68. 盆栽培養與欣賞	廖啟新編譯	180 元
69. 世界手語入門	蕭京凌編譯	180 元
70. 賽馬必勝法	李錦雀編譯	200 元
71. 中藥健康粥	蕭京凌編譯	120 元
72. 健康食品指南	劉文珊編譯	130 元
73. 健康長壽飲食法	鐘文訓編譯	150 元
74. 夜生活規則	增田豐著	160 元
75. 自製家庭食品	鐘文訓編譯	200 元
76. 仙道帝王招財術	廖玉山譯	130 元
77. 「氣」的蓄財術	劉名揚譯	130 元
78. 佛教健康法入門	劉名揚譯	130 元

國家圖書館出版品預行編目資料

人際關係風水術／小林祥晃著，林雅倩譯
－初版－臺北市，大展，民 88
面；21 公分－（命理與預言；56）
譯自：Dr・コパの風水「出會い」塾
ISBN 957-557-925-9（平裝）
1. 改運法 2. 人際關係
295 88005280

Dr.KOPA NO FUSUI 「DEAI」 JUKU

Originally published in Japan by Keizaikai Co., Ltd. in 1998
Chinese translation rights arranged through Keio Cultural Enterprise Co., Ltd.

版權仲介：京王文化事業有限公司

人際關係風水術

ISBN 957-557-925-9

原著者／小林祥晃
編譯者／林雅倩
發行人／蔡森明
出版者／大展出版社有限公司
社址／台北市北投區（石牌）致遠一路 2 段 12 巷 1 號
電話／(02) 28236031・28236033
傳真／(02) 28272069
郵政劃撥／0166955—1
登記證／局版臺業字第 2171 號
承印者／國順圖書印刷公司
裝訂／嶸興裝訂有限公司
排版者／千兵企業有限公司
電話／(02) 28812643
初版 1 刷／1999 年（民 88 年） 6 月

定價／220 元

大展好書 好書大展

大展好書 好書大展